REALIDADE AMERICANA

...ia de sobrevivência de quem desbravou a terra do Tio Sam

Universo dos Livros Editora Ltda.
Rua do Bosque, 1589 • 6º andar • Bloco 2 • Conj. 603/606
Barra Funda • CEP 01136-001 • São Paulo • SP
Telefone/Fax: (11) 3392-3336
www.universodoslivros.com.br
e-mail: editor@universodoslivros.com.br
Siga-nos no Twitter: @univdoslivros

CARLINHOS TROLL

REALIDADE AMERICANA

ia de sobrevivência de quem desbravou a terra do Tio Sam

São Paulo
2016

UNIVERSO DOS **LIVROS**

© **2016 by Universo dos Livros**
Todos os direitos reservados e protegidos pela Lei 9.610 de 19/02/1998.

Nenhuma parte deste livro, sem autorização prévia por escrito da editora, poderá ser reproduzida ou transmitida sejam quais forem os meios empregados: eletrônicos, mecânicos, fotográficos, gravação ou quaisquer outros.

Diretor editorial
Luis Matos

Editora-chefe
Marcia Batista

Assistentes editoriais
Aline Graça
Letícia Nakamura

Preparação
Pedro Zambarda
Sandra Scapin

Revisão
Plínio Zúnica
Francisco Sória

Arte
Francine C. Silva
Valdinei Gomes

Capa
Rebecca Barboza

Dados Internacionais de Catalogação na Publicação (CIP) Angélica Ilacqua
CRB-8/7057

T765r

Troll, Carlinhos

Realidade americana: guia de sobrevivência de quem desbravou a terra do Tio Sam / Carlinhos Troll. – São Paulo: Universo dos Livros, 2016.

144 p.; il.

ISBN: 978-85-503-0056-6

1. Troll, Carlinhos,19??- Residências e lugares habituais 2. Estados Unidos – Descrição de viagens 3. Estados Unidos – Intercâmbio cultural 4. Estados Unidos – Usos e costumes 5. Vlogs (Internet) 6. YouTube (Recurso eletrônico) I. Título

16-1108

CDD 917.3

SUMÁRIO

PREFÁCIO 07
INTRODUÇÃO 11
    Por que contar sobre a realidade americana
    em que vivi e na qual eu vivo?
CAPÍTULO 1 18
    Minha vida no Brasil
CAPÍTULO 2 27
    2009 – A decisão de ir para os Estados Unidos
CAPÍTULO 3 41
    Uma temporada de trabalhos braçais
CAPÍTULO 4 61
    A minha companheira, Senhora Troll
CAPÍTULO 5 67
    Do Walmart a uma empresa que vale
    um milhão de dólares
CAPÍTULO 6 77
    A decisão de criar o Realidade Americana
    e me tornar YouTuber
CAPÍTULO 7 93
    Por que decidi escrever este livro?
CAPÍTULO 8 107
    As boas experiências que tive vivendo
    nos Estados Unidos
CAPÍTULO 9 123
    Lições de empreendedorismo da minha
    Realidade Americana
ANEXO 137
    Carta da Universo dos Livros para a mãe
    de Carlinhos Troll, uma das idealizadoras do livro

PREFÁCIO

Nós conhecemos o Carlinhos – Carlinhos Troll, segue aí! – como a maioria de vocês, por meio do YouTube, mas não foi por acaso que chegamos ao canal dele. O primeiro vídeo do Realidade Americana a que assistimos, em 2013, foi indicação de um fã via Twitter. Na gravação, assim como em muitas outras, Carlinhos conta sobre a sua rotina. Nesse vídeo em particular, filmado no interior de um carro com um estofado bizarro – hehe –, Carlinhos fala do Nerdcast, de como ele gostava de escutar o nosso podcast enquanto trabalhava e como isso criava atrito com seu patrão da época.

Não foi a primeira vez que esse tipo de relato chegou até nós. Na verdade, posso afirmar, sem falsa modéstia, que muita gente escuta o Nerdcast enquanto trabalha, faz exercícios ou lava louças. Mas o Carlinhos despertou a nossa curiosidade. Nunca tivemos certeza sobre o que nos chamou atenção mas, pensando agora, provavelmente foi o estofado bizarro do carro. O que eu sei é que passamos a acompanhar a vida desse cara. Assistimos a diversos comparativos, vimos muitos vídeos dentro de supermercados, dentro do carro, testemunhamos as alegrias e tristezas, bem como os erros, acertos e conquistas!

Mas é natural que toda história tenha lacunas. Por mais que o *storytelling* de um vlog pessoal tente mostrar tudo, não consegue. É impossível. A própria natureza do formato faz com que o conteúdo seja apresentado em capítulos, quase sempre independentes, mesmo que seja parte de uma só história. E é essa a função deste livro: organizar os capítulos e, consequentemente, responder muitas das dúvidas suscitadas por uma vida cheia de acontecimentos.

Acontece de tudo na realidade americana do Carlinhos Troll! Há ele e a senhora Troll colocando ratoeira no warehouse, carregando caixas e móveis em caminhões de mudança, tem os dois fazendo tatuagem, vendendo PS4, comprando a primeira casa, fazendo compras no supermercado, passeando com os cachorros e também há registros dos dois crescendo juntos.

E isso é o mais legal na realidade americana dele, que na verdade é dos dois e, pela proximidade – ainda que virtual – acaba sendo um pouco nossa também. Nós temos a chance de acompanhar o crescimento desse casal que está ralando junto em terras estrangeiras. Nós sabemos que o Carlinhos já empurrou carrinhos de supermercado no Walmart, vimos – e vamos continuar vendo – eles passarem por cima dos obstáculos, aproveitarem as oportunidades e prosperarem com muito esforço, dedicação, trabalho e vlogs!

Voltamos depois! ;)

Azaghal e Jovem Nerd

INTRODUÇÃO

Por que contar sobre a realidade americana em que vivi e na qual eu vivo?

Olá, meu nome é Joseph Carlos Mondadori, mas, na internet, o pessoal me chama de "Carlinhos Troll".[1] Então, fiquei conhecido por esse nome.

Vivo nos Estados Unidos desde 2009, e depois de sete anos de experiência em terras norte-americanas, decidi escrever este livro para contar a minha história e incentivar mais gente a ter um pouco da coragem que tive ao perseguir meus próprios sonhos.

Isso não significa que eu não tenha tido dúvidas e nem que não tenha passado por momentos difíceis; no entanto, acho importante registrar tudo para as pessoas entenderem como vim parar nos Estados Unidos.

Por isso, antes de falar sobre os Estados Unidos da América, a pátria que escolhi para viver, vou contar rapidamente a minha trajetória de vida – um resumo que vai colocar você, leitor, a par daquilo que passei, antes de apresentar-lhe detalhes da minha vida pessoal.

Dedico essa história aos milhares de fãs que me acompanham na internet diariamente e às milhões de visualizações no YouTube.

Entenda a minha trajetória

Mudei-me para Nova Jersey em 2009, para morar na casa da minha irmã, Melissa. As pessoas pensam que todo mundo que vai para os Estados Unidos o faz

---

1   Troll: criatura do folclore escandinavo que se tornou famosa nos livros de J. R. R. Tolkien (*Hobbit* e *Senhor dos anéis*) e em jogos do tipo RPG.

para ter uma vida boa, mas eu vivi as duas faces da realidade americana.

Comecei como auxiliar de encanador na construção civil. A maioria dos brasileiros que se muda para cá chega sem ter uma boa formação em inglês, ou seja, não domina o idioma. Quando cheguei, o país enfrentava o ápice da crise *subprime* – a grande desvalorização do mercado imobiliário que tinha explodido um ano antes e contaminado a União Europeia com problemas econômicos que duram até hoje –, e o meu salário era comido pelo custo dessa crise.

Nessa época, não havia oportunidades muito melhores para eu me manter no país, e essa foi a minha primeira decepção nos Estados Unidos.

Diante disso, passei uma temporada no Brasil, mas sem desistir do meu sonho.

Em 2010, tentei de novo a vida nos Estados Unidos.

Dessa vez, fui para Virginia, o Estado em que morava minha mãe, Tereza Medeiros. Mamãe havia se mudado para lá doze anos antes, em 1998, quando se aposentara no Brasil. Ela se estabeleceu na sociedade norte-americana e lá se casou.

Mesmo assim, nessa nova investida, minha situação de trabalho não foi muito diferente da anterior. Ainda eram tempos difíceis de recuperação do país. Barack Obama já era o Presidente da República, mas ainda não estava muito claro quais seriam os rumos da economia.

Na tentativa de "ser alguém" naquele novo país, empurrei carrinhos no Walmart durante oito meses, pois, infelizmente, minha formação deficiente em inglês limitava-me a esse tipo de trabalho. Mas não tardou para que essa situação mudasse.

Como da minha primeira tentativa, nessa também o grande problema era o salário. E pior, porque, dentro do supermercado, empurrando carrinhos, eu ganhava menos do que trabalhando com encanamento nas obras. Não dava para juntar dinheiro de jeito nenhum.

Como não queria ficar preso ao conforto da casa da minha mãe, logo tratei de procurar um imóvel para alugar, e foi então que me deparei com o primeiro problema nessa mudança de vida: eu não tinha o crédito necessário para morar em Virgínia, perto da minha mãe. Se quisesse fazê-lo, teria de tirar dinheiro do próprio bolso. Era isso ou nada: ou eu arcava com a despesa ou não teria o meu espaço.

Você, provavelmente, não está entendendo a que me refiro e deve estar se perguntando "como assim?", e eu vou responder.

As instituições locais responsáveis pelo crédito, parecidas com o SPC existente no Brasil, não costumam dar um *score*[2] favorável a imigrantes recém-chegados ao país, ou seja, essas instituições não habilitam o indivíduo à obtenção de crédito. A sua pontuação para obter financiamento só melhora à medida que, residindo por mais tempo no país, você vai quitando regularmente seus compromissos financeiros e se transformando em um bom pagador.

---

2   Expressão em inglês para pontuação.

Fiquei na minha mãe?

Não. Voltei para Nova Jersey; lá, o preço do imóvel cabia no meu bolso, de modo que eu não precisaria de crédito para ter um teto.

Essa mudança foi, de certa forma, um retorno às origens.

Aluguei um imóvel e financiei um carro, tendo minha mãe como fiadora. Paguei em dia as prestações do carro, o que fortaleceu a minha pontuação para obtenção de crédito. Isso representou uma boa ajuda no começo da minha mudança, mas não o suficiente para a minha vida. Eu queria apenas um teto "pra chamar de meu" e um trabalho que pagasse razoavelmente meus *hobbies* e tudo o que eu estava conhecendo sobre a cultura norte-americana.

Todavia, meus caminhos mudaram por completo a partir do Realidade Americana – um projeto que passei a realizar pela internet e que consistia em um canal no YouTube, no qual eu contava sobre a transformação que ocorreu na minha vida e que passou a mudar, também, a vida de muitas pessoas interessadas na sociedade estadunidense.

Por que escrever um livro?

Tomei a decisão de escrever um livro porque acredito que minha história é realmente interessante para quem não conhece absolutamente nada sobre os Estados Unidos, para quem quer começar a entender porque a sociedade deles é assim. Também acredito que o meu passado possa levar inúmeros brasileiros que estão vivendo nos Estados Unidos a se identificar com as situações pelas quais passei.

Não tomei a decisão de ir embora do Brasil sem encarar problemas. Deixei um filho pequeno e parte da minha família. Os vídeos foram uma forma de estabelecer uma ponte entre os Estados Unidos e o Brasil. Sempre fui um cara da tecnologia e me mantive assim, apesar de toda a mudança que houve na minha vida. Passei por dificuldades tanto no país em que nasci quanto naquele que escolhi para viver. Mas, assim como Rocky, de Silvester Stallone,[3] eu nunca pensei em desistir nas primeiras porradas.

A vida vai continuar batendo em você, não importa quanto você revide, mas resistir sempre foi o meu lema. Entender o que posso fazer para melhorar sempre.

Em março de 2013, quando estive no programa *Encontro*, da apresentadora Fátima Bernardes, na TV Globo, comuniquei algo muito importante. Contei que, ao tomar decisões que envolvam mudanças muito grandes, como ir para os Estados Unidos, sempre procedo assim: primeiro, separo os prós e os contras; depois, converso com quem sabe mais do que eu, para aprender o máximo possível. Eu disse isso em um programa de TV, mas você vai reparar ao longo deste livro

---

3   Muita coisa me inspira, mas o Rocky é um personagem que é a cara dos momentos de aperto e de resistência. Ele é um símbolo do que foi a minha mudança de vida nos Estados Unidos. Ele me inspirou a ir atrás dos meus sonhos.

que eu faço isso durante toda a minha vida, e sempre busco aprender cada vez mais.

Hoje, após sete anos de Realidade Americana, tenho uma história a contar. Eu, de fato, tenho o que dizer.

Este livro é a minha forma de contar a você essa experiência.

CAPÍTULO 1

Minha vida no Brasil

De onde vim? Quem é a minha família?
Conheça um pouco mais sobre minha vida

Para começar a contar essa jornada que fiz e que modificou completamente a minha vida, o ideal é mostrá-la desde o começo, indo para o meio e chegando aos meus dias atuais. Tudo começa a partir do Brasil, da família que tenho nesse país e da forma como cresci. Muitos de meus sonhos não se concretizaram, mas eu mudei muito até me tornar a pessoa que decidiu viver outra realidade, em um novo país, diferente da que tinha observado até então.

Para quem não conhece nada sobre o que já fiz no YouTube, este livro é um bom ponto de partida. Aqui você poderá ver, pelas minhas opiniões, qual é a realidade da vida estadunidense.

Eis como a minha história começa: a distância de minha mãe

Mamãe Troll, minha mãe, Tereza Medeiros, foi para os Estados Unidos em 1998 e tornou-se cidadã estadunidense. Ela casou-se e iniciou uma nova vida em um país diferente.

Por que ela escolheu os Estados Unidos? Em sua juventude, mamãe conhecera rapidamente essa nação, encantou-se com o que nela viu e, durante anos, nutriu o sonho de sair do Brasil e vir para cá.

Nem minha irmã nem eu conhecíamos o país que mamãe escolhera para viver e, quando ela se mudou, nos afastamos.

Não vivia com ela desde os meus 17 anos, embora a visitasse esporadicamente. Tenho claro para mim que fui criado em uma família muito boa, unida e amorosa, independentemente das dificuldades que enfrentamos juntos. Sempre fizemos tudo sem recear o que pudesse aparecer à nossa frente.

Voltando um pouco na minha história, para contextualizar os fatos, quero contar que nasci em Caxias do Sul e que minha mãe se separou do meu pai quando eu tinha uns três anos de idade e minha irmã um ano, e fomos morar em Porto Alegre. Anos antes de me mudar para os Estados Unidos, morei novamente em Caxias, durante um ano, e passei outro ano em Passo Fundo, cidade onde agora mora minha ex-namorada com meu filho.

Separado de mamãe, meu pai, que era de Caxias, ficou mais afastado de nós, embora isso não tenha impedido que ele continuasse mantendo contato conosco. No entanto, se eu deixara de morar com minha mãe depois dos dezessete anos, o afastamento de meu pai foi bem mais longo. Essa distância, porém, não afetou o afeto que tenho por ele.

Em 2013, papai passou por complicações em uma cirurgia de redução de estômago (conto isso apenas para mostrar o quanto ele luta para manter a saúde).

Costumava tanto ligar para o meu pai como para a minha mãe para ter notícias de como estavam em

Você sabia?

NOS EUA, É POSSÍVEL VIRAR À DIREITA QUANDO O SEMÁFORO ESTÁ VERMELHO.

Isso mesmo. As vias públicas funcionam de maneira bem lógica: ainda que o semáforo esteja fechado, você sempre poderá virar à direita! A não ser, claro, que exista uma placa informando "NO TURN ON RED", ou seja, "não vire no vermelho".

relação à saúde e à vida de modo geral – depois que mamãe se foi, ainda mantenho o hábito de ligar para elemeu pai Mesmo estando distante deles, sempre mantivemos um relacionamento carinhoso.

A minha vida no Brasil exigia muito trabalho e nem sempre as coisas foram fáceis, porque eu fui pai relativamente jovem, com um ousado plano de vida na cabeça. E foi justamente mamãe quem permitiu que eu fosse até um país em que a realidade é completamente diferente daquela que eu vivia no sul brasileiro.

Minha irmã: uma relação que mudou

Nem tudo eram flores em casa. Minha irmã, Melissa Mondadori, e eu, brigávamos muito quando pequenos. Era confronto de pancadaria de criança mesmo. Melissa me provocava, me batia e, quando eu ia revidar, corria para minha mãe e dizia que eu estava batendo nela. Resultado: eu era punido.

Poderia passar horas contando sobre as brigas que tivemos, mas vou citar duas que foram bem marcantes em nosso crescimento – nas duas encrencas, ambos saíram bem feridos.

No meio de uma discussão séria, com muito xingamento, Melissa ameaçava jogar em mim uma chave de fenda, e eu, provocando-a no meio da discussão, ficava dizendo: "Joga! Eu duvido que você jogue". Repeti isso dezenas de vezes. Por fim, ela jogou a chave de fenda, acertando o meu olho – por sorte, eu o fechei na hora. Ela me cortou feio a pálpebra, deixando um rasgo nela. Foi tenso, teve até sangue, e dei muita sorte por não ter ficado cego naquela vez.

Mas a gente sempre pode dar sorte duas vezes, não é mesmo?

Em outra situação, quando criança, eu adorava brincar com fogo. Então, montei uma fogueirinha de fósforos, cruzando uns palitos sobre os outros, e colocando mais e mais palitos, para ter uma grande chama. Fiz isso em cima da pia da cozinha. Aí, para deixar a fogueira maior, peguei uma garrafa de álcool e comecei a virá-la lentamente na fogueirinha. De repente, BOOM! A garrafa de álcool tornou-se um lança-chamas e jogou uma grande labareda de fogo. E adivinhe quem estava na mira? Sim, Melissa. Pegou fogo no cabelo da minha irmã e, por muita sorte, fui rápido o bastante para apagá-lo.

A gente vivia um clima de guerra inimaginável para os dias de hoje.

Melissa e eu mudamos muito. Ela foi para os Estados Unidos antes de mim e também se estabeleceu nessa nova nação, onde se casou, teve um filho e continua sendo uma pessoa muito caseira, assim como eu.

Conto tudo isso porque, atualmente, somos grandes amigos. Eu topei morar com ela quando mudei de país e ela sempre cuidou da minha mãe quando isso foi necessário.

A minha relação com Melissa prova que a vida passa e as pessoas mudam – elas amadurecem bastante.

Como cresci

Nem sempre pensei em morar fora do Brasil ou ser um empreendedor. As coisas já foram bem diferentes para mim.

Quando pequeno, eu queria ser jogador de futebol. Na verdade, esse não foi apenas um sonho de criança, pois desejei isso por muito mais tempo – minhas tentativas de seguir essa carreira perduraram até os meus dezoito anos. E, acredite se quiser, eu cresci jogando bola.

Durante o segundo grau, participei da seleção da escola de futebol e passei na primeira peneira para os juniores do time do Grêmio. Tive um início de carreira de dar orgulho ao pessoal de Porto Alegre e redondezas. Porém, como eu jogava com amigos pelo menos duas vezes por semana, no intervalo de catorze dias entre a primeira e a segunda peneira para o Grêmio aconteceu um acidente em que eu rompi os ligamentos do tornozelo. Por conta disso, não compareci à seletiva.

A minha história toda mudou por conta dessa lesão. Tudo poderia ter sido diferente, e eu estaria até hoje no Brasil, jogando contra o Inter num Grenal[4] clássico, ou talvez fora do país jogando em times internacionais.

---

4   Grenal é uma partida tradicional entre o Grêmio e o Internacional de Porto Alegre. Eles já se enfrentaram mais de quatrocentas vezes no campo de fute-

Quem sabe hoje eu estaria magrinho e jogando profissionalmente, se meu tornozelo estivesse ok. O que aconteceu ali mudou tudo.

Depois, pensei em fazer outras coisas, e uma delas foi justamente ir para a faculdade. Escolhi cursar Ciências da Computação, pois gostava de passar muito tempo no meu PC.

Parecia a decisão certa entrar na área de TI, não é?

Na verdade, essa foi outra coisa que não se encaixou na minha vida: não dominei a área e detestei ter de aprender a programar.

A vida me preparava uma mudança de verdade lá fora

Minha vida no Brasil foi muito parecida com a de muita gente que não conseguiu se encontrar em carreiras específicas, muito menos no sonho que tinha desde criança. Eu iria me encontrar de fato de uma maneira diferente.

Tive de ir para fora do meu país de origem para encontrar o que realmente gosto de fazer. E vim a descobrir isso narrando a minha própria experiência de quando, há sete anos, decidi vir para os Estados Unidos.

Então, vamos a essa história.

---

bol. É como o tradicional "Fla-Flu", no Rio de Janeiro, ou Corinthians e Palmeiras, em São Paulo.

CAPÍTULO 2

2009 – A decisão de ir para os Estados Unidos

Como se preparar para uma mudança dessa magnitude? O que fiz para viver a minha Realidade Americana?

O objetivo deste livro é relatar algumas coisas que possam ajudar quem quiser deixar o nosso país para fixar-se em outro. É com esse intuito que, lembrando-me do momento em que pisei pela primeira vez nos Estados Unidos, falarei sobre o primeiro ano em que morei fora do Brasil.

A maneira mais correta de se fazer uma transformação radical na vida é pensando muito bem quais são os próximos passos a serem dados. Eu levo muito a sério algumas possibilidades antes de dar continuidade a esse tipo de mudança, porque o processo todo é bem mais complexo do que simplesmente pegar um avião no aeroporto de Guarulhos, desembarcar na América do Norte e achar que fará tudo o que tem de ser feito assim que sair do aeroporto. Não é bem assim, e é justamente por isso que separo aqui algumas recomendações.

A minha história de vida mudou bastante a partir desse ponto, e vou contá-la; afinal de contas, você quer saber como foi a minha Realidade Americana.

Ir sozinho é mais difícil

Você não conhece ninguém em Nova Jersey nem em Nova York? Pois a minha recomendação é que você não vá morar sozinho, seja nos Estados Unidos ou em qualquer cidade em que não conhece ninguém. É mais difícil viver só, embora algumas pessoas façam isso e convivam bem com a solidão. Se você for acompanhado, terá mais ajuda.

Procure morar na casa de parentes, de amigos ou de alguma outra pessoa que já tenha convivido com você e com a qual você tenha um mínimo de intimidade. Se não puder morar com pessoas razoavelmente próximas, procure estabelecer-se em um local próximo a elas.

Tenha essas pessoas como vizinhas, pois isso tornará mais suave a sua transição para outra cultura e, de quebra, trará um benefício: você terá ajuda de uma pessoa mais experiente.

As diferentes regiões dos Estados Unidos refletem diferentes níveis de segurança. Em Nova Jersey, por exemplo, o grau de insegurança nas ruas é bem próximo ao de São Paulo; lá, assim como aqui, não se pode deixar carro aberto. Na Virgínia, por outro lado, a gente pode andar mais despreocupado, porque o índice de criminalidade é menor.

Lembre-se: áreas periféricas são perigosas, bairros pobres podem ter gangues, enquanto os "cartões postais" costumam ser locais com muitos turistas e movimento intenso.

Assim como o Brasil, os Estados Unidos é uma nação continental variada, e a impressão que se tem do país pode variar de acordo com o lugar que você escolher para morar.

Reinvente-se e trabalhe

Sabe o "jeitinho brasileiro"? Esqueça! Guarde-o na gaveta, abandone-o no meio do mar ou jogue-o do avião quando estiver indo para a América do Norte.

Herdeiros de uma cultura protestante inglesa, os Estados Unidos da América apostam sempre no trabalho duro e constante.

Já ouviu falar de "*workaholics*"[5]? Isso é coisa de norte-americano. Nos Estados Unidos, todo mundo fala sobre trabalho, eficiência e meritocracia, seja de segunda a sexta, seja aos sábados e aos domingos. Trabalho aqui é assunto para todo mundo que quer ser reconhecido, crescer e viver bem. Não é brincadeira nem coisa de maluco. É comum aqui é a pessoa ser mais trabalhadora e esforçada que a média.

É uma cultura muito diferente da do Brasil, o que não significa que uma sociedade seja melhor que a outra – são apenas diferentes. Ao sair do Brasil, você precisa repensar o que viveu em seu país de origem e, ao chegar ao seu destino, deve experimentar o contexto local. O que não dá é para ficar em um lugar tentando viver com a cultura e os valores de outro.

A ponte para os Estados Unidos

Mamãe foi fundamental para a maior mudança da minha vida. Mesmo distante no dia a dia, foi ela quem solicitou o meu *green card*, em 2002, ou seja, o meu visto permanente para residir nos Estados Unidos.

---

5   Termo em inglês para definir pessoas viciadas em trabalho.

Nessa época, no Brasil, eu estava "no buraco", brigando para pagar as minhas contas. Em um mês eu empurrava a conta da luz para o mês seguinte; no outro, empurrava a da água, e assim eu ia driblando os compromissos financeiros, tentando usar o pouco dinheiro que tinha para manter uma estrutura mínima de vida.

A grande maioria dos brasileiros pobres sabe do que eu estou falando. A realidade que eu enfrentei é a que muitos ainda enfrentam em minha terra natal. Não gosto de discutir política, mas sempre fui contra governos ruins. Tampouco tenho preferência por um partido ou outro. Infelizmente, o Brasil desperdiça muito do potencial de sua população, que certamente poderia construir um país melhor se suas condições de vida fossem melhores.

Não sou pessimista, mas esse tipo de pensamento vem da minha experiência pessoal, daquilo que vivi no Brasil.

Na época da faculdade, me inscrevi em um programa governamental que disponibiliza bolsas de estudo, mas não fui contemplado. A mensalidade do curso de Ciências da Computação era mil e duzentos reais. Tudo isso era lamentável e ainda é, porque, pelo que sei, no Brasil está cada vez mais caro estudar.

Você sabia?

ÔNIBUS ESCOLAR TEM A PREFERÊNCIA.

Nos Estados Unidos, quando uma criança vai descer de um ônibus escolar, uma plaquinha de STOP se abre na lateral do ônibus e todos os carros são obrigados a parar, inclusive os que estiverem vindo no sentido contrário, garantindo que a criança possa atravessar a rua em segurança. E todos respeitam!

Tudo era horrível, e eu me encaixava no padrão de pobreza total.

A distância de mamãe acabou criando uma oportunidade.

A primeira pessoa que conseguiu sair do Brasil para ir ao encontro de mamãe foi Melissa, minha querida irmã. Ela se mudou para os Estados Unidos, casou-se e conseguiu o visto permanente.

Diferente do caso dela, comigo o processo não foi nada fácil. Por duas vezes, tentei entrar nos Estados Unidos como turista e não consegui. Isso me desanimou muito. Mesmo com parentes morando lá, eu acabei desistindo e permanecendo no Brasil. Ir a turismo não ia rolar.

A chegada do *green card*

O United States Permanent Resident Card é o visto permanente de imigração para os Estados Unidos. Ele não permite apenas que você visite os EUA a turismo ou trabalho, mas também lhe garante o direito de morar no país como um cidadão norte-americano. Há todo um processo específico para conseguir esse tipo de documento.

Esse visto ganhou o apelido de *green card* porque no passado era, de fato, um cartão verde. Hoje em dia, não mais; o documento é expedido na cor branca mesmo, e contém dados pessoais, tempo de residência e outros detalhes que interessam à imigração norte-americana.

O meu *green card* chegou em 2009.

Nessa época, eu tinha um filho de três anos e uma namorada com quem eu me relacionava há cinco anos. Quando o *green card* chegou, eu não estava esperando por ele.

O *green card* estava programado para chegar em algum momento, e disso eu já sabia. Mas não imaginava que chegaria justamente quando as coisas estavam começando a se ajeitar.

Naquela época, eu era editor de vídeo em uma empresa de formaturas e festas. Eu trabalhava em casa, no sistema de *home office*, de modo que ficava muito próximo da minha família. Sem a menor necessidade de sair de casa, minha ocupação era atualizar sites que eu mesmo criava e passar o dia navegando pela internet.

A minha vida estava mais ou menos estabelecida no Brasil, embora sem tanto luxo e sem tantos incentivos para ficar por aqui.

Mas quando o *green card* chegou, o que você acha que eu fiz? Isso mesmo, fui correndo para lá.

Ao receber um *green card*, o indivíduo tem apenas seis meses para ir para os Estados Unidos e receber a documentação. Esse prazo é definido pelo governo norte-americano, e quem não o cumpre, perde o benefício, tendo de começar tudo de novo, desta vez sem grandes perspectivas de recebê-lo outra vez. Ou seja: se perder o prazo de seis meses, você fica sem nada.

Antes de partir, obviamente houve o momento de despedir-me do meu filho, o pequeno Nicolas Mondadori, e da minha namorada.

Quem me conhece sabe que, durante o tempo em que vivi com a minha família, o pequeno Nicolas era o meu melhor amigo. Trabalhar em *home office* requer disciplina, e eu tinha estabelecido a minha: tinha um horário definido para trabalhar na edição dos vídeos, com todas as máquinas que tinha em casa, no Rio Grande do Sul, e um horário específico para me dedicar ao meu filho, e somente a ele. Nesses momentos, brincávamos muito, sem nada que pudesse nos interromper.

Aquilo tudo iria mudar para sempre.

Eu sabia.

No meio-tempo entre receber a notícia do *green card* e tomar todas as providências necessárias para a minha viagem, aproveitei ao máximo a companhia do meu filho. Determinei que meu prazo final para ir embora seria o aniversário de 4 anos de Nicolas. Depois disso, eu embarcaria em uma longa jornada, e nosso próximo encontro poderia demorar bastante – eu sabia.

Dois dias depois do aniversário do meu filho, iniciei minha viagem.

Foi horrível, mas tive forças para superar.

Meu plano era ir para os Estados Unidos, estabilizar a nossa situação e, então, eles viajariam para morar comigo. Minha intenção era encaixar a vida que tínhamos antes, no Rio Grande do Sul, àquela nova realidade.

Primeiro, tive de ir até o Rio de Janeiro e a São Paulo, a fim de fazer exames médicos em hospitais específicos, conforme exigido pelo *green card*. As orientações eram claras: para obter as aprovações necessárias e fazer a viagem sem problemas, os exames não poderiam ser feitos em qualquer lugar. O processo para tirar esse tipo de visto exige exames em instituições rigorosas, a fim de evitar procedimentos ilegais. Por conta disso, passei um bom tempo entre os consulados das duas cidades.

Com tudo pronto, embarquei para o meu primeiro destino.

Washington D. C. via Panamá

Washington surgiu em 1790, como o distrito de Colúmbia, entre os Estados da Virgínia e de Maryland.

A independência norte-americana ocorreu em 4 de julho de 1776, e George Washington foi um dos generais responsáveis pela reunião das doze colônias em um novo país. A cidade de Washington homenageia esse general. E foi para essa cidade que eu fui.

Fui para Washington por uma conexão pelo Panamá.

O embarque foi um sofrimento. Chorei a viagem inteira de saudade do meu filho. No aeroporto, foi doído. Acredito que aquele tenha sido um dos dias mais difíceis da minha vida. Da minha vida inteira, certamente. Foi horrível deixar meu filho pra trás, mas eu fiz isso pensando em dar um futuro melhor a ele, tentando recriar a nossa vida em um novo país.

Quando cheguei a Washington D. C., a capital da América, minha esperança era que as coisas fossem melhorar. Porém, nada melhorou, porque logo tive de me mudar outra vez por uma decisão familiar.

Primeiro lar em Nova Jersey

Repetindo o que eu disse mais no começo deste livro: se puder, não more sozinho em um novo país; tente morar com alguém que você conheça. A minha família me apoiou muito durante essa mudança. Mesmo com várias dificuldades, meus parentes facilitaram para mim a transição de um país para outro.

Pouco tempo depois de eu ter me estabelecido em Virgínia, minha irmã me convidou para morar com ela. Ela disse: "Você fica comigo até arranjar um emprego e, quando isso acontecer, a gente passa a rachar as contas". Perfeito! Enquanto eu não encontrasse trabalho, não precisaria ajudar financeiramente.

Eu não sabia na época que, nos EUA, as suas conquistas dependem muito de quão boas são as suas in-

Você sabia?

PONTUALIDADE É SINAL DE EDUCAÇÃO.

Se você achava que pontualidade impecável era atributo apenas de britânicos, pode adiantar seu relógio uns dez minutinhos para nunca se atrasar! Os americanos são superpontuais. Para eles, atrasar-se é falta de educação, porque faz com que os outros percam tempo, e perder tempo é perder dinheiro!

dicações. Quando você bota o pé em território norte-americano, eles o encaram como um estudante sem currículo, sem passado, sem nada. É difícil que sua formação ou experiência profissional interessem às empresas daqui a ponto de te darem uma chance. Então, tudo depende de indicação.

Comigo não foi diferente.

Recebi indicação de uma amiga da minha irmã, que trabalhava em uma empresa de encanadores, no ramo da construção civil. Foi ela quem me indicou para o meu primeiro emprego em terras americanas.

Comecei como *helper*, que, em português, quer dizer "ajudante".

Antes de entender a minha profissão, uma breve história da crise

Para entender as condições de trabalho a que me submeti em 2009, é necessário saber um pouco sobre a crise que afetou os Estados Unidos um ou dois anos antes.

O que ficou conhecido como *crash* foi uma crise de proporções mundiais que começou com as hipotecas de alto risco, conhecidas como *subprimes*, que consistiam em empréstimos concedidos a clientes que não tinham boa avaliação de crédito. Essa crise afetou em cheio os imóveis nos Estados Unidos – casas que valiam milhares de dólares foram desvalorizadas, chegando a um valor irrisório.

Na verdade, tudo começou em 2006, com os cortes de crédito de risco, resultando em inúmeros inadimplentes. Essa crise foi revelada em 2008, com a quebra do banco Lehman Brothers.

O abalo da economia norte-americana levou à quebra de bolsas de valores no mundo todo e gerou um colapso na União Europeia, cujos efeitos são sentidos até hoje. A crise também evitou o sucesso do governo Barack Obama, que subiu à presidência nessa mesma época.

Cheguei nesse cenário.

Foi só em 2012, no segundo mandato de Obama, que as coisas começaram a melhorar economicamente.

De certa forma, a maior quebra econômica desde o *crash* de 1929 foi a maneira como aquele novo país se apresentou para mim. Nos Estados Unidos, aprendi a viver em uma situação em que eu tinha de encontrar meios para superar problemas muito maiores do que aqueles enfrentados pela média da população. Criei-me em uma América em que eu tinha de buscar as poucas oportunidades que estavam abertas para mim naquele momento.

Isso me permitiu ter uma visão mais realista e menos deslumbrada deste país. E a verdade é que aqui não é lugar para amadores. Se você quer morar nos Estados Unidos e prosperar, tem de vir pronto para trabalhar duro, para dar o máximo de si todos os dias.

Diversos empregos

Uma vez em território norte-americano, o primeiro desafio que tive foi o de prover meu próprio sustento. E muita coisa aconteceu na minha vida pessoal para pressionar uma mudança.

Assim como, aos poucos, fui deixando de ser o Carlinhos que era no Brasil, tive experiências com trabalhos que me mudaram pessoalmente. O trabalho como *helper* foi o primeiro deles. Por isso, é bom separar um espaço para falar de diversos empregos que tive antes de me tornar o que sou hoje.

Você sabia?

GORJETAS SÃO "OBRIGATÓRIAS".

No Brasil, gorjetas são opcionais; paga quem quer, inclusive os dez por cento do garçom, em restaurantes. Já nos Estados Unidos é diferente: dá-se gorjeta para tudo, principalmente para os simpáticos garçons em restaurantes e lanchonetes.

CAPÍTULO 3

Uma temporada de trabalhos braçais

Primeiros empregos nos Estados Unidos e como sustentei uma família no Brasil com meu suor. A vida de apertos que passei no começo da mudança valeu a pena? E uma nova pessoa que surgiu em minha vida.

Muita gente vai para os Estados Unidos imaginando que terá uma vida muito mais fácil e vantajosa em comparação ao Brasil. Algumas pessoas têm sorte, as oportunidades surgem mais facilmente, mas generalizar dessa forma não corresponde à realidade.

No meu caso, a realidade foi bem diferente.

A verdade é que, quando pisei nos Estados Unidos, tive de me virar para procurar um meio de me sustentar e, ao mesmo tempo, ser um bom pai. Então, desempenhei trabalhos que exigiam esforço físico, e o primeiro deles foi como encanador, trabalho obtido por indicação. Mas eu fiz muitas outras coisas diferentes.

Os trabalhos braçais

Como tudo funciona à base da indicação, e como é difícil o acesso a vagas para bons empregos, a maioria dos brasileiros, e também as pessoas vindas de outros países, topam trabalhos manuais. Atendente de McDonald's, recepcionista, empacotador e ajudante geral são algumas das profissões a que muitos não se sujeitam no Brasil, mas que topam de bom grado para ascender nos Estados Unidos.

Como *helper*, meu primeiro trabalho em terras norte-americanas, eu recebia dez dólares por hora. Como a jornada de trabalho prevista era de segunda a quinta-feira, eu fazia de trinta e duas a trinta e cinco horas por semana, e conseguia chegar a trinta e oito com as horas extras.

Era pouco.

Eu não conseguia ganhar muito mais que mil e quatrocentos dólares por mês, e não adianta converter para reais e pensar que esse é um bom salário, porque eu não estava no Brasil. O que estou querendo dizer é que mil e quatrocentos dólares, a bem da verdade, corresponde a praticamente mil e quatrocentos reais em termos de poder de compra, porque o custo de vida nos Estados Unidos é considerável.

Cheguei à casa da minha irmã, em Nova Jersey, em julho de 2009, e fui embora exatamente um ano depois. Comecei a trabalhar como encanador duas semanas depois de me instalar na cidade e encerrei o contrato no mesmo mês do ano seguinte.

Dos cerca de mil a mil e quinhentos dólares recebidos por um trabalho que exigia muito esforço físico, metade eu usava para pagar as minhas contas lá e o restante enviava para o meu filho, no Brasil.

Era em Nicolas que eu pensava durante todo o tempo em que fazia esse esforço hercúleo para compreender um país que eu só conhecia por meio de filmes e livros.

No Brasil, eu era o cara nerd que ficava sentado na frente de uma tela editando vídeos; nos Estados Unidos, tornei-me outra pessoa.

Você sabia?

IMPOSTOS NÃO ESTÃO INCLUÍDOS NOS PREÇOS.

Nos Estados Unidos, os impostos não estão embutidos nos preços dos produtos, como no Brasil. Quando você vai às compras, seja de roupas, seja de itens de supermercado, o preço nas prateleiras é sempre o do produto em si, e os impostos sobre esses preços são cobrados no caixa, na hora de pagar a conta

Na época, com o que ganhava como encanador, eu não consegui sequer comprar uma bicicleta. Não vivia com nada de luxo e, sinceramente, cheguei a pensar em desistir.

Por várias vezes, cheguei a pensar que estava no lugar errado, que viver nos Estados Unidos não era para mim. Em minha mente, eu analisava: "É muito louco o quanto essa gente trabalha, não vou me adaptar à vida aqui".

Em momentos assim, eu respirava fundo e lembrava do meu objetivo maior, da ajuda que eu estava dando ao meu querido filho no Brasil. Ele não saía da minha cabeça e do meu coração, e tudo o que eu fazia era por ele.

Eu não podia me deixar derrotar, lutava todos os dias. Lutava como o Rocky e como todos os meus heróis no mundo da música, particularmente no rock'n'roll. O desafio era superar as porradas e enxergar as oportunidades para atingir o sucesso que eu perseguia dia após dia.

Nesse período, o que mais me incomodou foi justamente não ter uma bicicletinha para ir trabalhar. Eu demorava quarenta minutos para ir ao trabalho e outros quarenta para voltar. Se tivesse um meio próprio de transporte garantindo minha autonomia de ir e vir, me cansaria bem menos.

Do meu parco orçamento, nunca sobraram os oitenta e cinco dólares necessários para comprar uma bike e mudar de maneira mínima, mas significativa, minha realidade. Se tivesse uma bicicleta, o tempo gasto para ir e voltar do trabalho se limitaria a vinte minutinhos: dez na ida e dez na volta. Mas eu mandava para o meu filho tudo o que podia.

Um ano na América não me rendeu nada em termos de ganhos pessoais. Não passeei nem curti o país, tampouco esbanjei em compras. Vivi para trabalhar, e o trabalho era duro. Vivi para a minha família subir de vida.

Morei em um quartinho com o meu sobrinho Phyllip, e a minha vida era aquela. Nenhum computador novo. Nenhum luxo. Tudo o que eu usava era o que trouxera do Brasil.

Durante os primeiros seis meses, perdi quase trinta quilos. Sabe o choro do dia em que tive de deixar meu filho, quando embarquei para Virgínia com conexão no Panamá? Pois é, chorei assim todos os dias.

Todos os dias, antes de dormir, eu chorava.

Chorava de saudade. Chorava de tristeza.

Apesar do aperto no peito, uma coisa realmente me consolava no meio disso tudo: saber que o dinheiro que eu enviava era suficiente para que minha família vivesse bem no Brasil, com um conforto que eu jamais poderia fornecer morando lá.

Estar ciente disso me dava forças para seguir em frente na minha jornada. Dava-me forças para seguir acreditando que permanecer na América era a decisão correta para que eu pudesse continuar fazendo o que precisava ser feito para a minha família e para mim também. Dava-me forças para acreditar no mundo novo que se abria para nós.

Em março, quando fiz aniversário, minha mãe e minha irmã me deram uma bicicleta de presente. Mas fora apenas aquele presente, nada mais me ajudou nessa dureza dos primeiros dias nos Estados Unidos.

A dor que eu sentia não era só emocional, em virtude da vida dura que estava levando. Havia também a dor física, e essa era provocada pelas bolhas nos dedos, decorrentes da área em que eu atuava e dos acidentes que sofri. Cheguei a cair de um andar para outro, e esse não foi o único incidente sério que me afetou naquele período. Também, durante o trabalho, fui atingido por uma retroescavadeira. A pancada foi tão forte que me deixou inconsciente e meus colegas tiveram

Você sabia?
PRECISA TER MAIS DE 16 ANOS PARA DIRIGIR E MAIS DE 21 ANOS PARA BEBER.
Nos Estados Unidos, os jovens podem tirar habilitação de motorista a partir dos dezesseis anos de idade. Em alguns Estados, a lei prevê que, de catorze a dezesseis anos, a habilitação tenha caráter provisório e o jovem só possa dirigir se estiver acompanhado de um adulto; após essa idade, ele receberá a habilitação definitiva. Já para entrar em bares e consumir bebidas alcoólicas, é preciso ter atingido a maioridade, ou seja, já ter feito vinte e um anos.

de chamar ambulância pra me socorrer, mas, apesar do susto, tudo acabou bem.

Pensando bem, acho que acidentes aconteceram porque eu não entendia nada de construção civil. Passava sufoco nos dias de labuta, pois não sabia como fazer determinadas atividades que me eram solicitadas.

Nesse meio-tempo, meu relacionamento com a mãe do meu filho também degringolou. Ela queria visitar os Estados Unidos a turismo, mas estávamos cada vez mais distantes, e isso dificultava a convivência.

Em conversas com a minha mãe, eu insistia na ideia de desistir de tudo aquilo. Em toda a minha vida, eu jamais pegara num martelo pra bater um prego, e lá estava eu abrindo caixas de ferramentas e cavando buracos na terra para ver o encanamento das casas.

Era muito sofrido tudo aquilo. Muito sofrido, diferente e muito difícil.

Diante da situação que eu estava vivendo, mamãe deu sua sugestão: "Volta pro Brasil, fica uns dias com teu filho e volta pra ficar na Virgínia, onde eu moro. Você fica lá até se estabilizar e tenta de novo".

Não tive como dizer não.

Mamãe estava preocupada com a forma como eu estava me sujeitando a toda aquela situação. Ela viu

Você sabia?

NÃO SE PODE BEBER NA RUA.

Na maioria dos Estados, não é permitido o consumo de bebidas alcoólicas na rua. É proibido, mas muita gente encontra uma forma de burlar a lei. É por isso que, em filmes, muitas vezes a gente vê pessoas na rua com uma latinha de cerveja dentro de um saco de papel pardo.

que eu não estava aguentando – dona Tereza sempre soube enxergar além do óbvio.

Essa viagem de quarenta dias de volta à minha terra natal marcou uma das mudanças mais complicadas em todas essas transformações recentes pelas quais eu estava passando.

A volta de um "veterano de guerra"

Você já deve ter assistido a filmes de guerra como *Platoon* e *O resgate do soldado Ryan*, clássicos das décadas de 1980 e 1990, o primeiro dirigido por Oliver Stone e o segundo por Steven Spielberg.

Em julho de 2010, quando desembarquei em Porto Alegre doido para ver meu filho, sentia-me como o personagem principal desses filmes. O plano era ficar um mês e dez dias com ele e viver esse período com o máximo de animação que pudéssemos.

Mas, em vez de animada, a cena da minha chegada foi, na verdade, chocante. Nicolas me esperou, olhando pela janela, e me viu chegar com duas malas enormes.

Ele chorou como eu nunca o vi chorar antes. Primeiro, comoveu-se e ficou paralisado por me ver. Depois, correu, me deu um abraço e chorou mais.

As pessoas dizem que a pior dor é a do parto (há também quem diga que é a dor de dente), mas eu não acredito nisso. Acho que, de verdade, a pior dor é a de ter um filho longe de você.

A pior dor é quando seu filho te abraça e te implora que não vá embora. Mas você tem de ir embora para poder sustentá-lo melhor.

O sentimento, na ocasião, era uma mistura de amor e puro estranhamento, tudo sob o olhar de reprovação da minha namorada na época.

Eu havia chegado, mas, nitidamente, não era bem-vindo. Porque, de fato, algo errado estava acontecendo.

Quando um barco está navegando em águas turbulentas, há o risco de ele afundar. Um foguete, ao ser lançado no espaço, pode explodir antes mesmo de sair da órbita terrestre. Um carro que percorre uma mesma estrada inúmeras vezes pode se envolver em um acidente e se espatifar.

Naquele tempo, meu relacionamento atravessava uma situação de risco análoga a essas circunstâncias que descrevi. Eu voltei ao Brasil para terminar o que estava tentando manter à distância.

Minha namorada não queria manter um laço comigo sem ter certeza se, de fato, eu iria dar certo nos Estados Unidos. E meu filho estava sofrendo com a distância.

Fui para ficar quarenta dias e assim o fiz, aproveitando o que podia com meu filho Nicolas.

Na volta, meu roteiro incluía sair do interior do Rio Grande do Sul e ir para Porto Alegre, de lá para São Paulo, e então para Nova York.

Multiplique por um milhão a emoção que tive ao chegar ao Brasil. Fez as contas? Foi isso que senti e mais um pouco nesses preparativos para a volta aos Estados Unidos.

A importância de Nicolas em minha vida

Na despedida, quando eu estava indo para Porto Alegre, meu filho me abraçou forte e pediu que eu não o deixasse. Nicolas sempre teve esse poder sobre mim, e ele sabia disso, porque eu fazia tudo para demonstrar minha afeição por ele.

Poucos sabem, mas eu fumei durante quinze anos, e foi graças ao meu querido filho que abandonei esse vício. Ele pediu para eu parar de fumar e eu parei. Nicolas sempre quis que eu me cuidasse, e fiz isso por mim e por ele. Nicolas é o meu norte desde que nasceu.

Então, no início do meu roteiro de volta, ele disse: "Papai, não vá embora, eu economizo dinheiro pra ajudar você".

Naquele tempo, Nicolas tinha apenas cinco anos, e foi de cortar o coração ouvir aquilo. Era muito amor.

Mesmo assim, fui para Porto Alegre, iniciando minha trajetória de volta aos Estados Unidos, embora estivesse desesperado, louco de vontade de não fazer

Você sabia?

EM RESTAURANTES, DEVE-SE ESPERAR O HOST OU A HOSTESS INDICAR A MESA.
Nos Estados Unidos, dita a boa educação que, ao chegar a um restaurante, não se deve ir sentando-se à mesa que quiser. Para isso existe o *host* ou a *hostess*, que exerce a função de anfitriões e conduz os clientes às mesas.

aquilo. O que meu filho dissera teve total efeito sobre mim. Aqueles momentos no aeroporto, aguardando para embarcar para São Paulo, duraram uma eternidade. O período de alguns minutos cresceu, tornando-se horas e mais horas na minha cabeça.

Por fim, decidi não embarcar. Transferi o voo e voltei.

A cena do veterano de guerra voltando para casa se repetiu. Outra vez, meu filho entrou em choque e desatou a chorar.

"Papai vai ficar mais três meses", eu disse.

Os quarenta dias que eu iria ficar fora dos Estados Unidos se tornaram três meses, e a minha Realidade Americana teve que ser interrompida, porque essa é a importância do Nicolas na minha vida. Ele é capaz de me fazer mudar de direção, de rever decisões e de fazer todo o possível para respeitar sua vontade. A decisão de ficar mais tempo no Brasil foi tomada justamente para ficar o máximo de tempo possível com ele sem perder o *green card*.

Curti cada dia, um de cada vez, com o Nicolas. Fiz isso porque sabia que seria uma despedida mais definitiva. Pelo menos, até eu realmente prosperar nos Estados Unidos. Até então, ficaríamos separados por um número considerável de quilômetros e muitos países no meio do caminho.

Era mesmo uma despedida.

Tiramos fotos juntos, brincamos e nos divertimos como nunca. Os dias foram passando e me deixando triste por esse rompimento. Não estava mais me relacionando com a mãe de Nicolas.

A vida iria mudar daquele ponto em diante.

Três meses depois, dirigi-me outra vez ao aeroporto de Porto Alegre. Quando parti para os Estados Unidos pela primeira vez, consegui não chorar para que Nicolas não ficasse confuso. Dessa vez, porém, depois dessa estada no Brasil, acabei não conseguindo esconder dele a emoção que eu sentia.

A vida não é uma coisa fácil, tampouco justa. Às vezes, você tem de tomar decisões difíceis, e aquela foi uma delas.

Quando estava no Brasil, eu não conseguia nem pagar a escolinha para o meu filho. Nunca sobrava dinheiro e as contas estavam sempre atrasadas. Na América, eu conseguia sustentar Nicolas com dignidade. Era um mundo muito diferente daquele que eu conhecera em território brasileiro.

De novo na Realidade Americana

Longe do meu filho, voltei mais uma vez aos Estados Unidos.

Cheguei à Virgínia, onde mamãe morava. Durante um mês, incansavelmente, estive em busca de emprego, mas fugindo de subempregos, como foi o caso do serviço de encanador que eu fazia quando coloquei os pés pela primeira vez na América.

Queria um trabalho qualificado, que me permitisse sentir-me minimamente realizado e que pagasse melhor a minha vida e a do meu filho no Brasil.

Buscava algo que pagasse mais do que dez dólares por hora, pois um valor menor que esse tomaria todo o meu tempo, além de se tornar mais um subemprego no meu currículo.

Tentei muito, mas não consegui reverter essa situação.

Um mês depois, eu estava empregado, mas em um tipo de trabalho que não era a minha prioridade. Fui parar no Walmart, local de emprego fácil.

Tornei-me empurrador de carrinhos por oito dólares a hora.

Caminhando quase trinta quilômetros por dia, lá estava eu, novamente, preso num trabalho braçal. Todavia, quero fazer uma ressalva porque, apesar de esse trabalho estar longe do que eu gostaria de fazer naquela época, é bom lembrar que estávamos em 2010, e ainda sentíamos os efeitos da crise econômica nos Estados Unidos. Em tal contexto, ter um emprego era um luxo que não estava disponível a todos. Enfim, a dificuldade daquele momento me fez continuar insistindo para as coisas darem certo.

Mas teve um atenuante nessa segunda temporada: a ausência de conta de aluguel. Como eu estava morando com a minha mãe, não havia esse peso no meu orçamento, e eu poderia continuar morando com ela enquanto não conseguisse me estabilizar naquele novo país.

Por conta disso, mesmo ganhando menos, acabei enviando muito mais dinheiro ao meu filho, o que foi bom. Eu recebia aproximadamente duzentos e cinquenta dólares por semana. Era um salário muito baixo, mas suficiente para ajudar o pequeno no Brasil.

Mesmo com a vantagem de estar empregado em época de crise financeira e de não pagar aluguel, eu estava com mais de trinta anos de idade e, novamente, morando com a minha mãe. Isso era uma vergonha para quem queria, de fato, ser independente e ter qualidade de vida.

Eu havia saído de casa aos dezessete anos justamente para ter alguma independência, e agora sentia-me preso dentro da América que escolhi para viver.

A "Senhora Troll"

Claro que, mesmo com tanta tristeza e imprevistos, eu me dei liberdade para amar de novo. E foi assim que conheci Carolina Andrade.

Já que era conhecido na internet como Carlinhos Troll, ela foi a minha "Senhora Troll".

Ela reacendeu o sonho que eu tinha de trazer uma pessoa que amava do Brasil para os Estados Unidos. Quando abandonei o Walmart para começar um negócio próprio, foi ela, justamente, a pessoa que mais

Você sabia?

O BRUNCH É UMA PRÁTICA COMUM.

Brunch é uma junção de *breakfast* e *lunch*, ou seja, café da manhã e almoço. Em geral, faz-se o *brunch* por volta de dez ou onze horas da manhã, e ele costuma ser composto de panquecas com *maple syrup* (xarope de bordo, feito da resina de carvalho silvestre), torradas, ovos mexidos, batatas raladas, linguiça e *bacon*.

me auxiliou a conseguir clientes fora da América. Mas isso é assunto que vou contar mais para a frente.

Agora, o que é importa é dizer que, durante muito tempo, nos relacionamos apenas em âmbito virtual. Não a conheci pessoalmente nem quando criei minha própria empresa por aqui. Mas tal como o sonho de ver meu filho, eu nutria o sonho de, um dia, ver de perto aquela pessoa que estava me ajudando tanto a mudar de vida.

Esse amor todo surgiu porque foi justamente ela quem me deu luz nos piores momentos da minha depressão, depois que deixei o Brasil para trás.

Além de empurrar carrinhos em supermercado, passei por outros trabalhos para conseguir um dinheiro extra. Eram mais trabalhos braçais. Um deles, conhecido por quem acompanha o canal, era o de remoção de neve. Quando desempenhei essa função, ficava em caminhonetes com amplos sinais luminosos que indicavam o sentido do fluxo de trânsito. Enquanto

Você sabia?
O JANTAR É A REFEIÇÃO PRINCIPAL.
Nos Estados Unidos, o horário escolar costuma ser das oito da manhã às três da tarde, e o de trabalho, das nove da manhã às cinco da tarde. Em geral, pais e filhos não tomam o café da manhã juntos, porque, enquanto uns estão acordando, outros já estão saindo de casa. Os jovens almoçam na escola, enquanto os adultos se viram com o que tiverem, pois não existe um horário de almoço fixo, tampouco há restaurante nas empresas. É por isso que, no início da noite, a família se reúne para fazer uma refeição mais substancial: o jantar.

isso, à minha frente, as escavadeiras limpavam a neve das vias.

Em um dia daqueles, em que eu tinha trabalhado mais de vinte horas, a Senhora Troll passou o tempo inteiro comigo, ao telefone. Foi então que percebi o quanto ela se preocupava comigo.

Lembrei-me de quanto gostávamos das mesmas coisas. Éramos praticamente cópia um do outro.

Fomos nos unindo cada vez mais, até ela se tornar, realmente, a "Senhora Troll oficial".

Isso me fez ir uma segunda vez ao Brasil, quando fiquei quatro meses com a Carolina.

Nessa ocasião, tentamos obter o visto para ela entrar nos Estados Unidos, mas deu errado.

Tentamos duas vezes, e nada.

Decidimos tentar novamente em 2012, porque, como ela tem empresa no Brasil, a declaração de Imposto de Renda dela constituiria um documento que, talvez, facilitasse o pedido de visto de turismo.

Depois de quatro meses juntos, quando tive de partir, chorei o mesmo tanto que chorei quando deixei Nicolas, e a Carolina também chorou muito. Senti um aperto no coração e vontade de jogar tudo para o alto, só para ficar com ela.

Porém, à medida que a minha situação financeira foi melhorando, fui entendendo que a América era o local certo para viver. Não desistiria até ter certeza de ter tentado tudo o que me era possível.

Sou o tipo de pessoa que não sossega enquanto não esgotar todas as possibilidades de conquistar algo. Por isso, justamente, sempre pensei em trabalhar mais e conseguir mais para mim e para a minha família.

Carolina e eu nos separamos por seis meses, período em que, mais uma vez, ela tentou obter o visto de entrada nos Estados Unidos. Muitos imprevistos aconteceram. Ela foi assaltada, teve a conta zerada em uma "saidinha de banco", e chegamos a temer que o sonho de ela vir para cá não se realizasse depois de termos perdido todo o dinheiro que economizáramos durante meses para o visto e a viagem.

No assalto, praticamente toda a nossa poupança foi embora.

Passado esse tempo, e passadas todas as dificuldades, ela tentou novamente o visto e conseguiu.

A sensação de conquista foi tão grande, que, para comemorar, gravei um vídeo e coloquei no canal do YouTube. Aí, liguei para a Senhora Troll e chorei.

Por telefone, ela me confirmou que seus documentos haviam sido admitidos e que ela poderia realmente me visitar.

A nossa vida mudaria muito a partir dali. E é importante dizer quão importante a Carolina foi e é para mim. Porém, ansioso leitor, isso será abordado com mais calma, mais para a frente neste livro.

Emprego como lavador de carros

Durante o tempo em que morei em Nova Jersey, tive outro emprego além dos que já relatei.

Nos Estados Unidos, existe um tipo de lavagem de carros chamada *full detail*, que é uma lavagem totalmente detalhista, meticulosa mesmo, que inclui, por exemplo, limpar até as costuras dos bancos com escova de dente, soprar todas as "dobras" do carro com um dispositivo de ar, além de lavar cada centímetro do carro por dentro e por fora.

Empresas grandes, como a Audi, fazem isso nos carros usados que recebem como parte do pagamento na compra de carros novos da sua marca.

O trabalho era, basicamente, pegar os carros surrados e deixá-los com cara de novos. Dava muito trabalho! Para se ter uma ideia, uma lavagem dessas, com quatro pessoas trabalhando, demorava cerca de quatro horas. Justamente por isso, este foi o trabalho em que mais fiz horas extras na vida.

Sem brincadeira, eu trabalhava de dez a doze horas por dia: das oito da manhã às seis da tarde, e muitas vezes esticava até as oito da noite. E era comum trabalhar também aos sábados. Ou seja, eu trabalhava entre sessenta e setenta e duas horas por semana e recebia oito dólares por hora trabalhada – não havia adicional por horas extras.

Alguns aspectos do mercado de trabalho daqui são assustadores.

Nessa época, eu já tinha voltado para Nova Jersey e morava com a Senhora Troll.

Mesmo com a pesadíssima carga horária semanal que eu cumpria lavando carros no sistema *full detail*, mantive em dia o canal no YouTube que eu iniciara em 2011. Mesmo cansado, eu postava vídeos quase diariamente, acreditando no sonho de que esse canal, um dia, pudesse crescer.

A logística, na época, era muito complicada.

O local de lavagem dos carros ficava a uma hora de automóvel do local onde eu morava. Então, para começar a trabalhar às oito da manhã, eu tinha de sair de casa antes das sete e, pra tudo funcionar bem, eu acordava às seis.

Agora, quer saber a que horas eu chegava em casa?

Na maioria das vezes, eu trabalhava doze horas por dia. Então, saía da empresa às oito da noite e chegava em casa depois das nove. Aí, jantava, corria para o computador para editar os vídeos que eu mesmo gravava dentro do carro durante meus trinta minutos de almoço, e ia dormir por volta de uma da madrugada para acordar de novo às seis da manhã e fazer tudo de novo, sempre, de segunda a sábado.

Isso não era vida!

Eu não tinha tempo para a minha esposa, para a minha vida pessoal. E justamente no único dia que

---

Você sabia?
LUGAR DE PAPEL HIGIÊNICO É NA PRIVADA.
Nos Estados Unidos, os encanamentos são projetados para receber o papel higiênico e levar tudo por água abaixo, literalmente!

nos restava – o domingo –, eu estava sempre tão cansado, que ficava em casa com ela descansando da dura semana.

Era sempre assim, exceto quando aproveitávamos o domingo para gravar algum quadro do canal que não dava pra ser feito no carro. Meu cotidiano não parava.

A minha vida foi assim durante quase um ano. O emprego de lavador de carros me jogou de volta para a construção, que eu odiava, mas dessa vez para ganhar um pouco mais. Mesmo sendo um trabalho pesado, eu poderia ter mais tempo livre e não trabalharia aos sábados.

Na obra, o turno era de oito horas por dia.

O período de trabalhos braçais acabou entre 2012 e 2013, quando pisei pela última vez em uma empreiteira para fazer um serviço pesado.

Em um ano, eu estava tocando um canal no YouTube e vivendo um novo amor que florescia.

CAPÍTULO 4

A minha companheira, Senhora Troll

A mulher que mudou a minha vida nos Estados Unidos – Como nos conhecemos? O que fez florescer essa história de amor?

A minha vida nos Estados Unidos não seria a mesma sem uma grande aliada, que representou uma virada para que eu me estabelecesse no novo país. Já contei sobre a Carolina, até com alguns detalhes sobre o nosso relacionamento, mas quero dedicar este capítulo à história dela e do nosso encontro.

Foi graças a essa companheira que eu, realmente, estabeleci um negócio e mantive meus vídeos.

Ela me incentiva e dá ideias para seguir em frente.

Quero que vocês conheçam a verdadeira Senhora Troll.

Um ano longe

Carolina Andrade é de Santo André, região metropolitana da cidade de São Paulo. Ela gosta de cachorros, e isso se reflete na nossa atual família, pois eu também aprecio muito esses seres de quatro patas.

Graças aos nossos gostos em comum, já constituímos uma família nos Estados Unidos, formada por nós dois e um casal de cães da raça Boston Terrier, tipicamente norte-americana, que são como filhos para nós.

A Senhora Troll também é dona de um sorriso contagiante, que me alegra todos os dias. Viemos de cidades completamente diferentes. Sendo eu de Caxias de Sul, muito provavelmente seria difícil que a gente se relacionasse de uma maneira mais séria, em razão da distância.

O que realmente nos uniu? A internet.

Conheci a Carolina em 2010 e estabeleci um vínculo muito forte com ela.

Antes da Senhora Troll, eu tive outra namorada, a mãe de Nicolas, que eu sonhava trazer para os Estados Unidos, juntamente a meu filho. No fim das contas, o nosso relacionamento terminou e, desde então, eu não nutri sentimento semelhante por nenhuma outra mulher. Até conhecer a Carolina...

A Senhora Troll e eu começamos a namorar em 2010, mas não foi um relacionamento convencional e presencial, pois o nosso primeiro vínculo aconteceu on-line.

Namoramos à distância durante quase um ano.

Era amor verdadeiro sim, como eu nunca havia sentido antes, mas somente nos falávamos pela internet e por telefone, sem nunca haver um encontro. Aí, à medida que meus negócios deslanchavam, vi uma oportunidade de conhecê-la pessoalmente. Foi quando decidi ir ao Brasil para passar quatro meses com ela, em 2011.

Nessa ocasião, eu ainda não tinha o canal no YouTube.

No escuro, uma revelação

Juntos, Carolina e eu decidimos que nosso primeiro encontro seria diferente. A ideia era criar uma experiência única, marcante, tão especial que nos fizesse recordar dela para sempre. Queríamos dar um passo além naquele excelente relacionamento que tínhamos, e isso não poderia acontecer de um jeito qualquer, porque, depois, nada mais seria como antes.

Realidade Americana

À época, a Senhora Troll morava no interior de São Paulo, mas iria até a capital para, finalmente, me conhecer.

Combinamos de nos encontrar e passar um tempo juntos. A ideia era passar um fim de semana em São Paulo, juntos, e depois viajarmos para a casa dela. Seria naquela situação que nos conheceríamos melhor, antes de, finalmente, transformar o nosso namoro em uma experiência ainda mais fantástica.

O meu voo chegaria em São Paulo só à noite. O combinado era que, do aeroporto, eu iria direto para o hotel em que nos encontraríamos, e que a Senhora Troll, como já estava no Brasil, chegaria primeiro, para ir entrando no clima daquele primeiro encontro.

Fizemos o possível para tornar nosso primeiro contato de fato marcante.

A outra parte do combinado era que, quando eu chegasse, todas as luzes do quarto estariam apagadas. Teríamos nosso primeiro contato físico em absoluta escuridão.

Foi a forma que escolhemos para aumentar o conhecimento mútuo.

Então, quando nos encontramos, à noite, eu fiquei ao lado dela no escuro.

Você sabia?

AS PESSOAS SE VESTEM DESPRETENSIOSAMENTE.

Nos Estados Unidos, a lei do conforto fala mais alto. Portanto, não se surpreenda se vir pessoas vestindo uma roupinha bem surrada, de ficar em casa, ou até mesmo de pijamas em supermercados, bares, parques e onde mais você conseguir imaginar.

Como a gente já tinha se visto por *webcam*, e também conversávamos muito por telefone, posso dizer que eu já conhecia as feições da Carolina, ou seja, sabia como ela era fisicamente. No entanto, naquele instante, optamos por experimentar uma nova sensação que só existiria durante aquele momento da nossa vida. Escolhemos estar lado a lado e conversar, como fazíamos antes, mas agora podendo nos tocar.

Ficamos em plena escuridão, e isso nos fez ganhar uma intimidade enorme, da qual nasceu uma relação que foi crescendo aos poucos, assim como a maioria das coisas boas que aconteceram na minha vida.

E assim, sem ver um ao outro, passamos juntos a nossa primeira noite.

Sentimos o toque da pele e a presença um do outro.

Posso dizer sem medo: ali, eu vivi a experiência incrível de algo além do que tínhamos até então. Transformamos o que ainda não tinha passado de conversas pela internet e por telefone em algo concreto.

Só fomos nos ver de fato, olho no olho, na manhã seguinte, com a luz do sol. Foi assim que nos vimos após uma noite inteira acordados no escuro.

Você sabia?
O VISTO NORTE-AMERICANO É OBRIGATÓRIO PARA BRASILEIROS.
Para que um brasileiro realize qualquer tipo de viagem para os Estados Unidos, é indispensável ter visto de entrada no país, e aqui o controle da documentação é muito rigoroso.

Realidade Americana

A Carolina revelou-se para mim da escuridão para a luz. De uma pessoa que eu apenas conhecia da internet, ela, literalmente, surgiu na minha vida.

Guardo com carinho a lembrança do nosso primeiro encontro. Foi uma experiência inicial que jamais se repetirá.

A revelação do meu amor foi mágica e inexplicável.

CAPÍTULO 5

Do Walmart a uma empresa que vale um milhão de dólares

A ideia de um negócio nos intervalos de trabalhos braçais, o interesse dos brasileiros pelo comércio norte-americano e como isso se tornou minha fonte de renda.

Se há uma coisa que a América me ensinou foi como ser empreendedor, mas isso aconteceu da forma mais improvável possível.

Em determinado momento da minha vida, tive uma ideia que envolvia diretamente as pessoas que eu conhecia no Brasil e os espectadores dos meus vídeos. De certa forma, não deixei de ter conexão com os brasileiros em momento algum, em particular quando resolvi criar um negócio próprio, porque essa iniciativa era voltada exclusivamente para brasileiros.

Como tudo começou

Tudo começou nas folgas e intervalos de trabalho, na época em que eu era empurrador de carrinhos no Walmart. Foi aí que passei a desenvolver uma atividade que considerava interessante na época: enviar produtos para o Brasil a preços mais em conta.

Por que comecei a fazer isso?

Bem, tudo tem seu motivo.

Antes de a Senhora Troll chegar aos Estados Unidos para morar comigo, muitos familiares me pediam para enviar-lhes objetos, produtos comercializados nos Estados Unidos, e esses pedidos se repetiam com tanta frequência que vislumbrei aí uma oportunidade de negócio.

Certo dia, pensei: "Se tanta gente da minha família me pede para enviar coisas, deve ter muito mais gente que precisa disso, e tá aí um serviço que posso fazer".

Foi assim que surgiu a ideia de um negócio próprio, a atividade de redirecionamento de produtos para o

Brasil. Como eu não sabia exatamente o que estava fazendo, de início era tudo muito amador, com transações feitas por e-mail ou enviando produtos para a Senhora Troll revender no Brasil.

E tive sorte.

Era 2010, e foi uma boa época. A cotação do dólar era menos de dois reais, e isso facilitava muito as operações. Então, resolvi me empenhar no projeto. E as remessas não eram apenas para pessoas físicas: comecei a atender empresas, em uma operação chamada *"drop shipping"* – termo em inglês que significa adquirir muitos produtos para entregá-los em série, em uma operação corporativa.

Esse tipo de operação engrenou, começou a me gerar lucro, e culminou na abertura da minha própria empresa, em maio de 2011.

Em 2015, alterei o nome da minha empresa para My VIP Box Inc., e esse foi o nome pelo qual ela se tornou conhecida.

Todo esse sucesso tem uma explicação: dedicação e transparência – apostei nesses valores com firmeza. Acabei criando um grupo fiel de clientes que começou a divulgar o meu trabalho.

Eu jogava limpo. Cumpria prazos e, se ocorresse algum atraso na entrega, eu me comunicava com os clientes, informando sobre eventuais problemas com fornecedores e dando orientações para o rastreamento do produto. Para clientes corporativos, isso é fundamental para o sucesso de seus negócios – eu fornecia um tipo de previsibilidade, condição importante para a boa prática comercial.

Lojas on-line negociavam comigo centenas de relógios, pares de óculos e roupas, e eu servia de intermediador, evitando tributações excessivas, que acabariam encarecendo as vendas, e otimizando o preço final para muitas das pessoas com as quais tive o privilégio de trabalhar.

Como decidi apostar em mim

A ideia, que começou como um "bico" nos intervalos do trabalho no Walmart, foi crescendo. Evoluiu tanto que, em dado momento, eu não estava mais trabalhando sozinho: mamãe me ajudava nos Estados Unidos, e a Carolina fazia o meio de campo no Brasil, para viabilizar a entrega aos nossos clientes.

Foi uma iniciativa bem-sucedida que, em seu processo de expansão, aproximou-me da Carolina e mostrou-nos uma nova perspectiva de vida. Em pouco tempo, toda a minha família estava envolvida nessa nova empreitada, e os negócios eram divulgados por meio do canal do YouTube, que atingia milhares de acessos.

Você sabia?

AS PESSOAS SÃO ADEPTAS DO "DO IT YOURSELF".

Pagar para alguém trocar o zíper da sua calça, fazer as suas unhas ou pintar o portão da sua casa sai muito caro. O norte-americano típico bota a mão na massa para economizar. O lema aqui é o DIY: *Do it Yourself* (faça você mesmo).

Pelo Twitter, eu interagia cada vez mais com celebridades da internet brasileira, como o pessoal do Jovem Nerd, Azaghal, Marcos Castro, BRKsEDU, Cauê Moura e João – do Meu Mundo, Minha Vida –, entre muitos outros youtubers. Eles se mostravam interessados em conhecer a vida nos Estados Unidos, e isso impulsionou o crescimento do meu projeto.

Foi uma operação conjunta: o envio de produtos norte-americanos para o Brasil aumentava com a popularidade do Realidade Americana, que acabou se moldando tanto para contar a minha história quanto para explicar como era sobreviver nos EUA.

Penso que foi exatamente o fato de eu relatar a minha história e de ela despertar tanto interesse nas pessoas que me fez acreditar ainda mais naquilo que estava fazendo e apostar cada vez mais em mim.

Enfim, isso tudo me levou a reafirmar para mim mesmo a necessidade de continuar investindo naquele segmento.

Voltando ao negócio

A complexidade de efetuar comércio internacional está na paridade da moeda. Quando comecei a me

Você sabia?

AS PESSOAS USAM CUPONS DE DESCONTO.

Americano sempre encontra um descontinho antes de comprar qualquer coisa. Então, faça o mesmo: antes de comprar, pesquise on-line se há promoções ou cupons de desconto da loja ou do supermercado que pretende visitar.

aventurar nessa área, o dólar valia menos de dois reais, mas, passados dois anos, a moeda brasileira desvalorizou demais e tudo ganhou um custo extra no Brasil, desestimulando as importações e frustrando o meu negócio.

Eu não estava sozinho nisso. A Senhora Troll sempre esteve disposta a se empenhar comigo nessa empreitada. Enquanto as moedas mudavam de valor, era ela quem dava solidez a tudo o que eu fazia. Todavia, a relação entre dólar e real forçou-nos a fazer uma escolha.

A situação era a seguinte: a Senhora Troll tinha empresa no Brasil, e isso gerava custos; eu tinha uma empresa nos Estados Unidos, e isso gerava custos; e eu tinha que continuar sustentando o Nicolas com a qualidade de vida que sempre prometi a ele, meu filho, sangue do meu sangue, o que também era um custo. Então, tínhamos de reduzir nossos custos, e uma maneira de consegui-lo era a Carolina vindo morar comigo nos Estados Unidos e mantermos apenas uma empresa.

Decidimos: a Carolina viria para os Estados Unidos, para que pudéssemos diminuir os gastos e manter um relacionamento mais próximo. Foi isso que a fez solicitar mais uma vez o visto de entrada nos Estados Unidos (ela já fizera duas tentativas anteriores).

Se isso não tivesse dado certo, a questão das moedas provavelmente teria derrubado o meu negócio, obrigando-me a desistir do sonho de viver no exterior, porque eu não aceitaria, novamente, cair no subemprego.

Mesmo decidido a não enfrentar mais subempregos, quando o dólar chegou a dois reais eu tive de me virar de alguma forma, e foi aí que, para pagar minhas contas, fui trabalhar como lavador de carros. Voltei a topar bicos. Minha empresa começou a ir mal das pernas, pois a situação econômica no Brasil estava bastante difícil na época.

O que eu não fazia ideia era que essa situação só iria se agravar.

Por mais que eu estivesse feliz com a minha namorada ao meu lado, a vida nunca deixou de me mostrar que as coisas não são fáceis e que tudo exige esforço.

Na vida, toda conquista é, de fato, um desafio.

O papel do canal do YouTube foi crucial naquele momento de complicação. Com ele, passei a expor todas as dificuldades de se viver nos Estados Unidos e a demonstrar que a trajetória no Brasil andava ainda mais complicada.

A evolução do que empreendi até chegar ao My VIP Box

De início, o faturamento do My VIP Box era praticamente nulo, e isso acontecia simplesmente porque tínhamos poucos clientes. E por que tínhamos poucos clientes? Porque, há seis anos, lidávamos com o negócio com amadorismo.

O crescimento foi lento. A principal estratégia que tínhamos era o boca a boca. Quem gostava dos meus serviços, recomendava-o a outra pessoa, que o recomendava a outra, e assim por diante.

Depois, eu criei o canal no YouTube e comecei a falar o que eu fazia. Já fazia vídeos antes, como ficou claro em capítulos anteriores, mas o Realidade Americana, como é conhecido hoje, surgiu mesmo em 2011. Surgiu e ganhou força!

O meu negócio cresceu e começou como uma bola de neve, juntando mais clientes aos poucos. A coisa começou a mudar pra valer quando resolvi comercializar videogames.

Em 2013, a Sony anunciou que o PlayStation 4 teria o preço oficial de quatro mil reais no Brasil, o que foi um verdadeiro escândalo na época. Naquele mesmo momento, eu peguei a câmera e gravei um comparativo do PS4 no Brasil em relação ao mesmo produto nos Estados Unidos.

Meu canal já era conhecido por fazer comparações entre o Brasil e os Estados Unidos, então peguei essa deixa da Sony e fiz o primeiro vídeo falando sobre o assunto. Na mesma onda, coloquei uma propaganda da minha empresa dentro da gravação.

Ali, mostrei matematicamente que comprar o PS4 de maneira legal, pagando todas as taxas de importação e sem nenhum tipo de irregularidade, sairia menos da metade do preço do Brasil.

Você Sabia?

AS PESSOAS NÃO TÊM BENEFÍCIOS TRABALHISTAS.

Aqui, férias são de uma semana a quinze dias nos primeiros anos, e não existe vale refeição, 13º salário e outros benefícios trabalhistas. Tenha em mente que o "sonho americano" consiste em longas jornadas de muito trabalho.

Esse foi o grande *boom* da minha empresa.

Explodimos de verdade, e vou relatar os números desse crescimento: mais de mil e quinhentos aparelhos PlayStation 4 enviados a terras brasileiras.

Foi a partir dai que tentei investir mais na empresa, melhorando o site na internet, o suporte aos clientes e muitos outros aspectos.

Ano passado, investi 12 mil dólares em um *website* profissional, totalmente automatizado para o cliente. Com esse aporte, em 2015 passei a ter um sistema único entre todos os redirecionadores do mundo, o que atraiu inúmeros clientes novos e fez meu negócio progredir ainda mais.

Minha empresa também implementou um sistema de afiliados com trinta por cento de comissão, constituindo o maior comissionamento do segmento, em comparação com a concorrência, que paga, em geral, dez por cento.

Dinheiro atrai dinheiro, e a minha estratégia tem dado muito certo.

O site profissional atraiu muitos clientes, dado o número de pessoas que recomendavam meus serviços. Criei um casamento muito bom entre o que fazia no YouTube e meus negócios fora dele, e isso teve efeitos práticos. À medida que o trabalho aumentou, nossas necessidades se alteraram.

Você sabia?

PARA RESIDIR LEGALMENTE NO PAÍS, SÓ COM O GREEN CARD.

As formas de se conseguir o *green card* são: casamento, parentesco direto com alguém de cidadania norte-americana, emprego e investimento. Há outras formas não habituais, como asilo ou sorteios de *green card*, mas o Brasil não participa desse processo.

Nos mudamos de uma garagem para um grande depósito e contratamos funcionários, de modo que passei a ter uma equipe de suporte e um time empenhado nas nossas entregas.

Foi assim que saltamos de 9 mil clientes para 60 mil – um crescimento que superava em mais de seis vezes o tamanho da demanda do ano anterior.

Em 2015, o faturamento saltou para cerca de 100 mil dólares, e em 2016, tem evoluído para mais de 1 milhão de dólares.

De acordo com a pessoa que fez o nosso plano de negócio e avaliou a nossa empresa, em 2017, o faturamento da My VIP Box deve triplicar ou quadruplicar.

Certamente, eu não imaginava um sucesso desses quando consertava encanamentos ou empurrava carrinhos no supermercado. Foi um sucesso que ninguém poderia esperar.

Não foi nada fácil chegar ao meu atual patamar de negócios. E nada disso seria possível se eu não tivesse um pé no Brasil e outro fora dele.

Entre esses dois países tão diferentes, estou eu.

Minha transição não foi fácil, tive problemas que não permitiram que eu me estabelecesse em pouco tempo. E quando as coisas pareciam ir bem, o cenário econômico do Brasil me puxou para baixo.

Mas não desisti nem por um segundo.

Sempre tive novos planos em mente.

CAPÍTULO 6

A decisão de criar o Realidade Americana e me tornar youtuber

A ideia de colocar um canal na internet – a recepção do público, minha evolução no YouTube e como isso me fez permanecer cada vez mais nos Estados Unidos.

Comecei filmando em uma máquina digital rosa--choque da minha mãe, e em pouco tempo mudei para uma *full-HD* (de alta definição), para continuar o trabalho em 2011. De início, eu não fazia ideia de onde iria chegar com aquela brincadeira. Simplesmente passei a me sentar na frente do volante do carro, no meu quarto, na minha sala, na minha casa e a contar minha própria história.

De certa forma, os vídeos que fui gravando desde o início da minha estada nos Estados Unidos constituíram o roteiro deste livro. Falando com a câmera, acabei contando a minha história, desde a passagem por Nova Jersey, onde trabalhei como encanador, ao emprego de oito meses como empurrador de carrinhos numa loja da rede Walmart. Com o tempo, porém, os temas foram mudando, deixando de ser focados apenas no meu cotidiano.

Nos intervalos do trabalho no supermercado, eu aproveitava para gravar o que queria contar às pessoas.

Depois, com a empresa de exportação e importação que abri na Virgínia, tudo mudou, pois o foco das minhas postagens passou a relacionar-se ao meu empreendimento, e mergulhei de cabeça nesse universo de acessos, *uploads* e muito trabalho para pensar sobre o que falar, o que comentar e o que deveria ouvir do meu público.

Abandonei patrão, criei a minha própria propaganda na internet e passei a viver o estilo que sempre quis desde que botei os pés em solo norte-americano.

Qual é a linha de opinião do RA?

Depois de alguns vídeos iniciais, gravei um material e, no dia 23 de outubro de 2011, publiquei, explicando como o Realidade Americana funcionaria no YouTube. Expliquei que criara o canal para ser um veículo de opinião totalmente focado em expressar as minhas próprias impressões sobre o que é viver nos Estados Unidos.

Fiz isso porque queria entrar de cabeça no estilo de vida norte-americano e mudar de vez.

No RA, falei das coisas boas e ruins da América. Nada de ficar falando que a vida aqui é uma maravilha nem de incentivar, de uma maneira leviana, todo mundo a vir para cá. Pode ser que os Estados Unidos não sejam o melhor país pra você.

A minha ideia foi ser o mais sincero possível.

Por quê?

Porque a minha vida aqui não foi fácil. Tive de me esforçar muito, e achei que seria bacana compartilhar isso.

Minha ideia era que a minha experiência norteasse os planos de outras pessoas que pensavam em vir para cá. Queria que elas lessem a respeito do que eu tinha passado e se identificassem com tudo o que me acontecera, ponderassem e tomassem sua decisão com um pouco mais de informação sobre o que as esperava. A linha opinativa do Realidade Americana foi pensada justamente para transmitir tudo o que me acontecera por aqui, por isso, no começo, priorizei os vídeos.

Agora, em uma segunda etapa do projeto, que envolve as minhas memórias, resolvi colocar tudo em palavras, em um livro.

Um início sem muita direção

Apesar de estar focado em sempre mostrar o que há de bom e de ruim da América, eu não tinha muito critério ao ligar o gravador da câmera. Filmei meus passeios de carro, meu trabalho e até meus momentos de descanso. Cheguei a brincar de falar depois de respirar gás hélio.

Era, de fato, um vlog. Nele registrei meu cotidiano, minhas dificuldades, e falei de quem estava me ajudando nessa jornada. Na prática, encarnei o que se dizia na década de 1960, com a entrada das filmadoras Super-8 no mercado: "Uma ideia na cabeça e uma câmera na mão". Essas filmadoras portáteis facilitaram tanto a vida de quem tinha uma ideia na cabeça, que muita gente se tornou cineasta – bastava ter uma câmera na mão, o que antes das filmadoras portáteis não era possível.

Cheguei a fazer brincadeira de 1º de abril com minha mãe, dizendo que o carro tinha quebrado, mostrei cervos no quintal de casa, exibi os automóveis que

Você sabia?
AS PORÇÕES DE COMIDA E BEBIDA SÃO ENORMES.
Se você não for bom de garfo como eu, com certeza levará comida pra casa no final da refeição.

tive e aluguei nos Estados Unidos. Enfim, permiti que as pessoas entrassem e saíssem da minha casa, onde quer que eu estivesse na América. Deixei que me conhecessem de um jeito muito peculiar.

Fiz entrevistas com a minha irmã Melissa, incluindo uma ocasião em que perguntei-lhe por que meu sobrinho Phyllip ainda não tinha ido conhecer a Disney, e mostrei tanto o cidadão norte-americano com algum dinheiro, quando estava em melhor situação financeira, quanto o pobre, quando os recursos se tornavam escassos.

Não tinha a pretensão de ganhar dinheiro com isso, simplesmente fui registrando e peguei gosto em fazê-lo. Esse registro servia para eu mesmo entender tudo o que estava se transformando dentro de mim e no mundo ao meu redor.

Queria entender os Estados Unidos e a mim mesmo nesse processo.

Tudo aquilo era o que chamo de "vlog pessoal", um formato que nunca deixei de gravar, mesmo tendo criado novos programas com o correr do tempo.

A evolução das visualizações

Você acha que comecei com milhões de pessoas me vendo? Nem de longe!

Você sabia?

EM RESTAURANTES, SOBROU, LEVOU.

Nos Estados Unidos, é perfeitamente normal levar para casa a comida que sobra do seu pedido em um restaurante. Basta solicitar ao garçom uma "box" para levar para casa que ele traz pra você

No começo, meus vídeos tinham entre dez e vinte visualizações. Era tudo muito cru, sem nenhuma divulgação da minha parte.

De cara, não havia mesmo a pretensão de ter uma grande audiência; no entanto, eu queria crescer na internet, e nunca tinha visto um conteúdo como o meu para ajudar quem estivesse decidido a se mudar para os Estados Unidos.

Não sabia direito porque estava fazendo aquilo, mas a atividade foi se expandindo, ainda que eu não desse tanta importância assim.

Alguns vídeos explodiram em acessos. Um deles sobre custo de vida e pessoas em situação ilegal nos Estados Unidos, teve trinta e seis mil visualizações, enquanto outro sobre educação, carros e documentos norte-americanos chegou em vinte e duas mil. Não fazia nem seis meses da existência da página oficial, e a média dos demais vídeos girava entre cem e duzentas visualizações.

Como os assuntos foram se organizando

A cultura norte-americana começou a rechear meus conteúdos. Expliquei coisas que a maioria dos brasileiros tem curiosidade em saber, como: o que é o Dia de Ação de Graças, como tirar o visto, quais são os diferentes tipos de visto, o que é o *green card*, como é o mercado de trabalho norte-americano, aí incluindo as experiências que tive com trabalhos braçais.

Depois, comecei a falar dos filmes que assisti, dos eventos de que participei, da diferença de preço de vários produtos em relação ao Brasil e de uma variedade enorme de informações.

No começo, era tudo bem amador mesmo, sem profissionalismo. Hoje em dia, há uma diversidade de assuntos que se organizam de acordo com o interesse do meu público *on-line*.

O maior diferencial do RA é justamente o público, pois trato as pessoas que me assistem como se fossem parte da minha família. E faço isso porque me reconheço em cada uma delas – pessoas que, provavelmente, estarão lendo este livro –, e conto tudo o que posso, porque confio.

Milhares de pessoas assinam o meu canal e me mandam mensagens de apoio e de incentivo, além de perguntas sobre uma porção de coisas. O prazer de fazer esse trabalho está justamente nessa interatividade e carinho. Foi isso que me ajudou a superar a depressão que tomou conta de mim quando botei os pés em um país que eu ainda iria conhecer.

Nada disso foi muito planejado.

O coração do canal continua sendo o vlog

Dizem que "no início existia o caos". Dentro do Realidade Americana, há um tipo de material que é o verdadeiro coração do canal: o vlog.

Ao ligar a câmera e começar a conversar com o público, sem editar o que pretendo falar, fui, aos poucos, desenhando o conteúdo que eu realmente queria abordar nessa minha aventura no YouTube. O centro de tudo sempre foi essa improvisação, a tal vontade de contar histórias e de gerar identificação com muitas das pessoas que chegam aos Estados Unidos ou que querem muito viver a realidade a que estamos sujeitos neste país.

Tudo no vlog se baseia em desabafos, na minha vontade de dar dicas ou mesmo num desejo sincero de deixar a pessoa pronta para encarar uma mudança de vida radical. Ali, contei muito do que aconteceu comigo, e essa é, de fato, a essência de se tornar um vlogueiro – não tenho medo nenhum de assumir esse apelido.

E o que recebi de volta, sou incapaz de mensurar. Muitas mensagens de agradecimento, dicas, críticas construtivas e histórias tão complexas quanto a minha vida, pois quem me assiste também tem muito a contar sobre imigração norte-americana, viver fora da terra natal e relatos de superação pessoal; afinal, todo mundo tem a sua.

O problema mostrado no canal no YouTube

Em 2012, como o canal Realidade Americana só crescia, entrei no Portal Machinima como um dos promotores de marca que mantém parcerias com o YouTube, a Apple e o Twitter. Criado por Hugh Hancock e Allen DeBevoise, esse portal é um grande publicador de vídeos, que ajudou e continua ajudando novos produtores de conteúdo na internet, inclusive a mim; eles estão nessa desde 2000 e são de Los Angeles, Califórnia.

Bem, fui criticado, mesmo ao ter sucesso nisso. Houve quem criticasse os assuntos que eu abordava e teve até quem partisse para ofensas pessoais. Uma pessoa, por exemplo, chegou a afirmar que, por conta da minha dicção com a letra S, eu deveria deixar de gravar, pois, segundo o dito cujo, "eu não servia para falar".

Me impus várias metas, mesmo com as críticas recebidas.

Comecei a gravar em 2009, quando botei os pés em território norte-americano, e estabeleci o canal oficialmente dois anos depois.

Mantive uma alta frequência de atualizações e, após um ano de atividade, alcancei meu primeiro milhão de pageviews, ou seja, um milhão de pessoas já tinha visualizado os meus vídeos, o que me deixava muito feliz.

Nada foi realmente fácil, e os vídeos retrataram meus momentos de dificuldade. Em um deles, mostro os trinta e cinco mil passos que dei em um dia intenso de trabalho empurrando carrinho de supermercado. Exibi também a chuva em pleno inverno, fora o trabalho ingrato de remover neve na estrada.

Os vídeos se tornaram um reflexo de quem eu fui nesse período, mas não fui o único protagonista deles.

Você sabia?
REFRIGERANTE É MUITO BARATO.

Nos Estados Unidos, dá para comprar uma lata de Coca-Cola por um dólar em bares ou máquinas automáticas, e ainda se pode comprar a caixa com doze unidades por dois dólares e meio, o que dá vinte centavos de dólar por latinha.

As entrevistas

Um dos quadros mais bem-sucedidos no Realidade Americana é o de entrevistas, com visualizações na casa de trinta a duzentas mil. As conversas abordam desde a imigração norte-americana até videogames e outros *hobbies* que eu cultivava no Brasil e mantenho na América.

Falei com pessoas interessantes e diversas. Muitos pontos de vista diferentes foram ouvidos, demos muita risada e conversamos à vontade diante da câmera, para que o nosso público entendesse ainda mais sobre este país. As conversas foram realmente descontraídas e se tornaram vídeos muito agradáveis.

Com o vlog18rodas, falei sobre a vida de caminhoneiro nos Estados Unidos. Tive conversas muito produtivas com outros brasileiros, além de youtubers da Inglaterra, e também troquei uma ideia com o Eduardo Benvenuti (BRKsEDU), um dos maiores nomes em vídeos de games do Brasil.

Além da minha experiência pessoal, dos casos próprios da América e da evolução consistente das visualizações, eu, de fato, investi em uma grande troca de experiências no meu canal, o que permite que você, leitor, pessoa interessada em morar fora, encontre um leque muito diversificado de assuntos para se inteirar.

O que criei no YouTube acabou se tornando uma ponte para as pessoas entenderem a realidade da minha vida em um país novo e transformou-se na tradução do que aconteceu comigo nestes últimos anos.

Zona de Testes – um projeto de 2016

O Realidade Americana não foi minha única iniciativa no YouTube. Em 2016, a Senhora Troll e eu pensamos em um novo projeto e criamos o Zona de Testes, um canal inteiramente novo, que foi lançado em julho desse ano.

O Zona de Testes teve como base as palestras que vimos na Vidcon desse ano, uma conferência de vídeos de diversos gêneros, sobre a qual comentarei com mais detalhes em outro capítulo. O formato desse nosso novo projeto funciona bem em pesquisas relacionadas na internet e é um tipo de conteúdo que tínhamos muita vontade de fazer.

Acreditamos que o Zona de Testes terá muitas visualizações. A ideia do Zona de Testes, como o próprio nome diz, é experimentar produtos diferentes. Já fazíamos isso no Realidade Americana, dentro do quadro RA Experimenta, mas agora o faremos em um canal exclusivo, que tem mais a cara desse tipo de conteúdo. Além disso, a ideia de separar os conteúdos do Realidade Americana pode ser interessante para quem quer ver uma coisa ou outra.

O novo canal também terá DIY, forma abreviada de Do It Yourself, que nada mais é que o popular "faça você mesmo". No DIY, a gente ensina como montar e criar coisas diferentes, como almofadinhas, por exemplo.

Sabe aquelas experiências malucas que se via na TV? Esse é o tipo de coisa que o público vai encontrar por lá.

Como eu disse, esse projeto novo foi pensado e criado por mim e pela Senhora Troll, pois temos uma divisão de trabalhos em que eu monto roteiros, pesquiso produtos e vídeos na internet, enquanto minha amada cuida da edição. Assim que o canal tiver mais inscritos e mais retorno financeiro, a ideia é usá-lo para testar muitos produtos eletrônicos, como videogames e aparelhos tecnológicos – são essas as minhas metas.

A tendência é que esse tipo de canal receba muitos incentivos de marcas, incluindo o que puder ser testado. Por enquanto, ainda é um projeto em que o investimento é totalmente nosso e, à medida que o retorno for aumentando, passaremos a investir em produtos melhores para experimentar.

É a nossa zona.

Minha relação com a web, e a Senhora Troll nas câmeras

De certa forma, mesmo fora do Brasil nestes últimos anos, eu cresci com a internet brasileira. Mas meu projeto também evoluiu sozinho.

É tudo uma mistura de sim e de não, porque eu sempre fui isolado, muito tímido, e isso me impedia de conversar

Você sabia?
ÁGUA É QUASE DE GRAÇA.
Diferente do que todos pensam, o preço da água aqui é muito barato. Você pode comprar uma caixa com quarenta garrafas de 500 ml por três dólares e meio, o que dá menos de dez centavos de dólar por garrafa.

com as pessoas da internet para entender o que estava acontecendo. Assim, foquei na minha própria atividade.

Muitas vezes, eu via que outros canais cresciam muito mais que o meu pelo simples fato de um impulsionar outro, mesmo sem um gostar muito do outro – era a tradicional formação de "panelas", e eu nunca gostei disso.

Nunca consegui ser hipócrita e sempre fui muito sincero. Se gosto de algo, vou lá e falo, e essa postura deve ter me fechado muitas portas. Cheguei a negar alguns trabalhos por não concordar com as pessoas que estariam neles, assim como não aceitei colocar no meu canal pessoas das quais eu não gostava ou que sabia que não tinham nada a ver com o meu público. O Realidade Americana sempre foi cuidado como um filho meu, e tratado com muita atenção.

O crescimento do acesso à internet e ao uso do YouTube pelos brasileiros me ajudou muito. Alguns vlogueiros gigantes surgiram e trouxeram público, e as pessoas interessadas pelos Estados Unidos acabaram conhecendo o RA.

Errei ao agir como agi em minha carreira *on-line*?

Até hoje não sei. Atualmente, me dou muito bem com pessoas de quem gosto no YouTube, e continuo não precisando gravar com ninguém a quem não admire. Contudo, em 2016, já não sei se negaria algumas

Você sabia?

ÁGUA É DE GRAÇA EM RESTAURANTES.

Em restaurantes, a "*tap water*" (água de torneira) é de graça. Muitos americanos pedem seus pratos acompanhados de "tap water".

coisas. Talvez eu tentasse ser mais profissional, seguindo o exemplo de youtubers bem maiores que eu, que têm muito a me ensinar. De qualquer forma, continuo convicto de que, na internet, ser profissional não é sinônimo de ser hipócrita, ainda que exija muita diplomacia.

Às vezes, é importante você ser profissional e fazer algumas concessões para se dar bem com as marcas que podem anunciar no seu veículo, só que eu ainda não precisei disso, de modo que não sei como seria nem o que faria.

Os projetos que já apareceram no meu canal entram em uma categoria do YouTube chamada de Collab, que é um canal aparecer dentro do outro, porque isso dá um bom retorno. Colocar alguns youtubers no meu canal, como o Jovem Nerd, por exemplo, é muito mais por prazer pessoal do que pelo retorno

Em relação ao Alexandre Ottoni e ao Deive Pazos, o Azaghâl, eu poderia dizer que somos mais do que apenas companheiros de YouTube: somos amigos. Eu era fã deles numa época em que nem sequer imaginava que poderíamos ter algum contato direto. Hoje, porém, trocamos até mensagens pessoais. E todas as vezes que apareço dentro desses canais tenho grande retorno, tanto para o canal como pessoalmente.

Para evitar invasão da minha intimidade, costumo gravar vídeos curtos, mesmo para assuntos mais complexos. O Realidade Americana faz parte da minha

vida, mas eu coloco limites para que não interfira no meu cotidiano nem no das pessoas que conheço e não querem esse tipo de exposição na internet.

A participação da Senhora Troll na minha rotina

A Senhora Troll é minha parceira de vida e de trabalho. Começamos como sócios na venda de produtos para brasileiros – ela foi a primeira sócia que tive, fazendo uma ponte com os consumidores no Brasil – e, depois que nos conhecemos pessoalmente, ela passou a participar ativamente dos vídeos e dos vlogs. No momento em que ela botou os pés na minha casa, nos Estados Unidos, fiz questão de registrar sua chegada. Apesar de ser um pouco mais tímida que eu, ela cresceu nas filmagens e faz brincadeiras comigo direto, tanto que o novo quadro, Zona de Testes, com canal próprio, terá a participação dela.

Nunca deixei de expressar o quanto a Senhora Troll me faz feliz e quanto sinto amor por ela, justamente por sua presença cativante em minha vida.

Hoje, Carolina Andrade está conectada ao crescimento do Realidade Americana e é quem está tocando os meus planos no presente e para o futuro. Ela é a família que estou formando e é quem trará os herdeiros que vamos ter, porque quero que ela seja a mãe dos meus filhos.

Considerando o lugar que ocupo na internet atualmente, não consigo me imaginar sem a grande participação dela. Carolina carregou caixas na nossa loja, fez as mudanças necessárias na maioria dos meus projetos, criticou-me quando mais precisei e apoiou-me quando enfrentei grandes dificuldades para levar adiante todas as minhas iniciativas. Ela, literalmente, não deixou a peteca cair nem me deixou desistir dos meus sonhos.

O meu amor por ela não encontrou fronteiras e, até hoje, não deixa de superar barreiras.

A história da Senhora Troll e da família que juntos estamos construindo nos Estados Unidos ajuda a entender porque a minha trajetória no YouTube é tão importante.

Você sabia?

ALIMENTAR-SE SAUDAVELMENTE É MUITO CARO.

Nos Estados Unidos, o senso de praticidade leva quase todo mundo a optar por comida processada, seja pronta ou pré-pronta. A oferta desse tipo de alimento é enorme e seu preço é muito inferior ao de alimentos *in natura*, em especial frutas e vegetais, que são bem mais caros.

CAPÍTULO 7

Por que decidi escrever este livro?

O último desejo da minha mãe antes de morrer e a experiência de organizar em um livro o significativo processo de mudança por que passei.

Nunca fui uma pessoa de escrever, mas como a minha história inspirou muita gente a mudar de vida e persistir na busca pela realização de seus sonhos, acabei me rendendo e colocando toda a minha experiência neste livro. O que me levou a isso foi perceber que tudo o que eu dizia nos vídeos funcionava como um gatilho para algumas pessoas tentarem mudar de país e que, para quem já morava fora, rolava uma identificação com as situações vivenciadas por mim. Além disso, mais gente, ainda que não estivesse vivenciando nada daquilo, se interessava pelos meus vídeos.

A ideia do livro surgiu como uma forma de organizar toda a minha experiência, de modo a continuar inspirando as pessoas, mas ela não foi necessariamente minha. Em algum momento, comentários em meus vídeos no YouTube deram o alerta de que havia muita gente interessada em comprar uma obra física baseada na minha vida, e meus parentes também acharam que essa era uma ideia bacana. Mas quem quis este livro, de coração, foi minha mãe, dona Tereza Medeiros.

Os últimos dias de mamãe

Na metade de abril de 2016, mamãe foi ao médico e lá recebeu o diagnóstico de um câncer terminal. No dia seguinte, saí de Orlando e fui para a sua casa na Virgínia, para aproveitar com ela o máximo de tempo que fosse possível.

Um mês de vida foi a sentença fria que lhe deram no hospital, que nos forneceu todo o suporte para cuidar dela. Ainda assim, foi realmente difícil encarar aqueles dias.

Ao saber da notícia, mudei-me para a casa de mamãe, juntamente com a minha irmã. Fomos para lá no dia seguinte à ligação e por lá ficamos durante cinco semanas, juntos. Fizemos isso porque mamãe ficou muito abalada ao receber a notícia. Ela chorava demais e sofria com a doença.

Muita gente chegou a nos dizer que gostaria de ter a chance de passar o último mês de vida com a pessoa a quem mais ama. E como a morte é algo que pode separar e destruir famílias, e como a nossa família estava muito unida naquele momento, diziam-me que eu era uma pessoa de sorte. Mas a verdade é que tive muita dificuldade em enxergar algo positivo naqueles dias melancólicos.

Doeu muito aquela situação, não vou mentir para vocês.

Tive um mês para me despedir de Mamãe Troll. E, em muitos momentos, questionei-me se aquele sofrimento era de fato necessário. Perguntava-me, especialmente quando a saúde dela piorava, por que precisávamos passar por isso. Era difícil gravar e manter a calma naquela situação.

Você sabia?

TODO MUNDO VIAJA NAS FÉRIAS.

Pobre ou rico, todos têm o costume de viajar em suas *"vacations"*; a única diferença é o padrão do hotel e a distância da viagem.

Virava e mexia, eu ia para o carro, a fim de ficar um pouco distante da família. Eu ia chorar.

Era possível obter algum benefício daquele último mês de vida da minha mãe ou era uma espécie de tortura interna a que estávamos sendo submetidos? Eu, sinceramente, me fazia essa pergunta o tempo todo.

Minha mãe era uma das pessoas mais saudáveis que conheci. Ela fazia academia, mantinha uma vida ativa e cuidava da sua casa nos Estados Unidos. Sempre foi uma mulher guerreira e disposta a encarar mudanças. Ela, sim, foi a real responsável por me levar à minha Realidade Americana.

Ver aquela mulher forte, poderosa, caindo cada vez mais. Caindo. Caindo. E caindo. Vê-la ficando cada vez mais fraca foi um sofrimento que é impossível mensurar até hoje.

Mamãe fez uma lista das coisas que queria fazer em seu último mês de vida, e eu disse: "Vamos fazer tudo. Faço questão de fazer acontecer". E uma das coisas que ela queria era, justamente, viajar para o Brasil para despedir-se dos parentes que haviam ficado em nosso país de origem.

Na primeira semana depois de receber o diagnóstico, mamãe foi para terras brasileiras com a minha irmã, Melissa, e o marido, Dave, enquanto eu fiquei nos Estados Unidos, cuidando da casa e das cachorras – uma das cadelinhas é diabética e precisa de duas injeções de insulina por dia.

Nessa ocasião, o médico deixou claro que era muito provável que ela viajasse e não voltasse para os Estados Unidos. Tudo se tornou uma briga contra o tempo, e mãe Tereza poderia morrer no Brasil, mas ela conseguiu voltar.

Como tudo deu certo na viagem, e ela conseguiu se despedir de todo mundo que quis, minha irmã e eu nos empenhamos em cumprir cada um dos demais desejos que ela havia anotado na lista.

Em suas últimas três semanas de vida, mamãe fazia transfusões de sangue e de plaquetas às segundas, quartas e sextas-feiras. Era uma rotina exaustiva, e eu me queixava desse cansaço com a Senhora Troll, minha amada Carolina, compartilhando com ela não só a sensação de cansaço físico, mas também a de exaustão emocional e psicológica. Provavelmente, esse foi um dos momentos mais difíceis da minha vida, que eu tinha de me segurar para não desmontar e não deixar o emocional tomar completamente o controle. Ainda assim, gravei alguns vídeos para contar o que estava acontecendo. Não deixei de registrar o que acontecia com minha mãe, para que meus expectadores soubessem.

Exibicionismo? Não, absolutamente. Mamãe Tereza sempre me apoiou na minha carreira e sempre viu com bons olhos o que eu fazia no Realidade Americana. Ela sempre soube que eu impunha limites e determinava um formato claro ao gravar tudo o que interessava àqueles que se importavam com a minha história e com o que faço na internet. Diante disso, seria, no mínimo, desrespeitoso com ela e com o meu público se eu deixasse de compartilhar aquele momento de tamanha gravidade pelo qual estava passando.

Minha irmã e eu ficávamos com ela praticamente vinte e quatro horas por dia, todos os dias. Carolina me deu todo o suporte de que precisei nesses momentos difíceis. Juntos, cuidávamos da casa, da alimentação dela e das metas que ela nos havia pedido. Fizemos tudo para que ela não tivesse um desgaste além do que a situação impunha. Enfim, tentamos dar-lhe os melhores últimos dias que ela poderia ter.

Foi um período extremamente desgastante, mas não um desgaste egoísta, que me consumia apenas a partir da minha própria dor com a situação. Eu me colocava no lugar da minha mãe, naquela situação, e era justamente isso o que me fazia sentir-me sinceramente esgotado.

Naquele contexto, correr contra o tempo era muito trabalhoso, física e psicologicamente.

Eu ficava imaginando como estaria sendo para a minha mãe enfrentar aquela situação de ter de fazer transfusão de sangue a cada dois dias e, ao mesmo tempo, lidar com o caos emocional de saber que aqueles eram os seus últimos dias.

O câncer a estava destruindo, deixando-a cada vez mais fraca, mas mesmo assim ela continuou firme e forte. Uma coisa bacana foi que, durante todo aquele mês, ela continuou brincando conosco, sorrindo com a sinceridade e a espontaneidade de sempre, e foi isso o que nos deu forças para continuar até o final.

Mamãe sempre foi muito alegre, quem assiste ao meu canal sabe disso. Mas até mesmo para nós, que a conhecemos bem, foi surpreendente ver e viver aquele processo extremamente complicado.

Meu grande desejo é que a forma como minha mãe Tereza enfrentou aqueles dias, de cabeça erguida, se torne um exemplo para pessoas em períodos de extrema dificuldade.

Ela viveu um dia de cada vez, e feliz, dentro do possível.

É óbvio que ela fraquejou em alguns momentos, como quando recebeu o diagnóstico e teve uma forte crise de choro, ou quando, em um desabafo sincero, ela me dizia: "Eu tô com medo, Carlinhos". Mas esse tipo de reação não corresponde nem a um décimo de como ela enfrentou cada dia. Em todos os outros momentos, minha mãe passou curtindo de verdade sua família.

Havia um acordo secreto entre minha irmã e eu para que mamãe ficasse bem: nenhum de nós manifestaria tristeza na frente dela, e tentaríamos estimular o seu sorriso o tempo todo. Com esforço, conseguimos fazer isso.

Minha irmã só vacilou mesmo quando o médico deu algumas notícias tristes e pesadas. Mas, mesmo assim, foram escorregadas compreensíveis, e ela teve a força que deveria ter naquele momento. E quando a dificuldade de segurar o choro era minha, eu fazia questão de me afastar de todo mundo para extravasar a minha dor.

É muito triste ver sua própria mãe enfraquecer e morrer em meio a tanto sofrimento. Nos últimos momentos, já hospitalizada, quando teve de ficar à base de morfina, ela só agradecia por estarmos ali. Em algumas ocasiões, ela chegava a repetir centenas de vezes que estava muito feliz pela nossa presença naquele momento que exige coragem. E ela também agradecia a Deus pelo último mês que teve.

Quem passar pela mesma situação que eu saberá quão gratificante é a sua presença para a existência da pessoa em estado terminal. Se você tiver a oportunidade de acompanhar os últimos dias de um ente querido, largue o que estiver fazendo e fique junto da pessoa.

No início, eu achava que aquilo tudo era uma espécie de tortura; depois, passado o tempo, vejo que foi fundamental ter tido esse tipo de experiência.

Aquele momento foi bom para a minha mãe, principalmente para ela. E nós soubemos respeitá-lo ao permanecer próximos.

A morte de mamãe era algo que nos apavorava. Tínhamos medo de vê-la abandonar a vida diante de nós, por isso é importante contar o que aconteceu naquela etapa do processo.

O último pedido dela foi que lhe aplicassem morfina, para que não sentisse dor na hora de partir. Uma semana antes de sua morte, ela fez as últimas transfusões de sangue e de plaquetas. A partir dali, ela entregaria sua vida, porque os remédios não fariam mais efeito.

A fraqueza dela era tanta que minha irmã e eu tínhamos de carregá-la nos braços, apoiando-a, pois ela não conseguia mais andar sozinha. A doença a estava destruindo, literalmente. Mesmo com morfina, ela ainda sentia muitas dores nessa fase final.

No Dia das Mães, ela fez sua última refeição, o que é um sinal da proximidade da morte. Ela já não conseguia se alimentar de maneira regular.

A Senhora Troll e eu recebemos um livrinho sobre os últimos dias de vida de uma pessoa, e ele foi muito útil para identificarmos os sintomas e nos prepararmos para os momentos decisivos para mim e para a minha família. Nas páginas desse livro, era possível saber exatamente como aconteceria e, assim, evitar sustos.

Ter tido acesso a esse conhecimento foi de uma importância absurda na época, seguindo algo que eu sempre levo para a vida, que é se informar sempre e buscar pessoas que já lidaram com situação semelhante. Infelizmente, esse livro só chegou às nossas mãos na reta final. Com ele, pudemos identificar os sintomas anteriores. Foi um guia realmente útil nesse momento crucial para todos nós.[6]

O principal ensinamento do livrinho foi justamente sobre o momento exato da morte.

Aplicávamos morfina, e mamãe oscilava entre momentos de consciência e de anestesia. Chegava a acordar e ficar sentada na cama com dor nas costas. Tínhamos de falar a mesma coisa várias vezes para ela entender o que estava acontecendo, porque os efeitos da medicação eram intensos. Quando dizíamos que a amávamos, ele respondia: "Eu te amo também". Era uma forma de comunicação rápida, que não exigia tanto esforço.

A necessidade de morfina foi aumentando, chegando a ser aplicada a cada quatro horas, até chegar a cada duas horas, o que a deixava totalmente desligada.

---

6   Descrevo mais sobre o livro que a Senhora Troll e eu ganhamos em um vídeo do Realidade Americana do dia 15 de maio de 2016, um dia depois da morte de mamãe.

Você sabia?
O PATRIOTISMO É MUITO GRANDE.
Nos Estados Unidos, não se vê seus cidadãos dizendo coisas como "país de merda"; todos amam o seu país, ainda que tenham do que reclamar. O sentimento patriótico é absoluto.

Naquela semana, eu estava indo para casa, descansar, quando minha irmã me disse: "Tu não vai embora; a enfermeira veio avisar que ela só tem algumas horas. Fica aqui comigo, Carlinhos". Ela não queria ficar sozinha com mamãe.

Minha mãe, guerreira, contrariou as expectativas da enfermeira e permaneceu viva por mais alguns dias, ultrapassando as quatros semanas de prazo máximo que o médico lhe dera e passando o Dia das Mães conosco, metas que ela mesma impusera para si e comunicara aos filhos. Dona Tereza, inclusive, chegou a dizer isso ao próprio oncologista.

"Viu, eu consegui vencer as quatros semanas", ela disse ao médico, e este a elogiou. Muitas pessoas também elogiaram a nossa atitude de parar tudo para cuidar dela, o que não é comum, e só foi possível porque tanto minha irmã quanto eu não temos emprego fixo. Em geral, as pessoas não têm condições de largar o trabalho por cinco semanas. Mas nós tínhamos essa condição e foi o que fizemos para dar atenção a ela.

Nos momentos finais, mamãe dormia de boca aberta, com uma respiração muito forte, e nós continuávamos com medo de encarar o momento em que, enfim, ela iria embora. Tínhamos receio de como seria e do quanto iríamos ficar chocados ao constatar a sua morte.

Minha irmã não queria ficar sozinha e eu queria fugir para longe, para não presenciar aquele momento. Porém, em respeito a ela, decidi ficar, justamente para que não tivesse um colapso nervoso com tudo o que estava acontecendo.

A Melissa chorou de desespero em muitas ocasiões.

Tudo o que eu mais pedi a ela, naquela hora, foi para manter a calma quando mamãe morresse.

Pedi palavras de apoio para aquele momento muito difícil.

No dia da morte de dona Tereza, manhã de 14 de maio de 2016, eu estava terminando de imprimir um *banner* para o velório dela. Minha irmã entrou em contato, falando que os batimentos cardíacos dela estavam acelerados e as pontas dos dedos, roxas. O último sinal, minutos antes do falecimento.

Acabei nem fazendo o *banner*.

Ao chegar lá, acompanhei a respiração da minha mãe ficando cada vez mais fraca.

Meu medo foi aumentando, porque as enfermeiras avisaram que o minuto final pode ser acompanhado por gritos antes do último suspiro. Seus dedos estavam cada vez mais roxos.

De repente, escorreu uma lágrima do olho esquerdo de mamãe e eu, ao lado dela, disse: "Nossa, ela tá chorando".

Fizemos carinhos e demos palavras de apoio. Vieram então os últimos suspiros, pesados e com espaçamento no ritmo da respiração. Ela reagiu pela última vez com muita paz no coração, com minha irmã apertando forte uma de suas mãos.

Estávamos todos reunidos ali, sua família inteira e eu. Aquele momento final trouxe o sentido de união que Tereza Medeiros cultivou durante toda a sua vida. Ela sempre soube fazer o que gostava com as pessoas que amava.

A morte dela foi nosso momento de maior união familiar.

Nas outras etapas de sua internação, nos revezávamos para um ajudar o outro. No último suspiro, estávamos todos juntos, enviando as melhores energias que conseguíamos.

Quem acompanha os meus vídeos sabe a pessoa de luz que foi dona Tereza.

A ideia do livro

Mas eu não separei este capítulo apenas para falar da saga que envolveu acompanhar minha mãe em seu último mês de vida. Preciso contar que foi nessa etapa da vida que surgiu a ideia do livro sobre o Realidade Americana.

Você sabia?

GUARDANAPO PARA SEGURAR LANCHE É FRESCURA.

Nos Estados Unidos, as pessoas seguram o lanche com as mãos mesmo, sem guardanapo.

"Carlinhos, por que você não escreve um livro?", ela perguntou. Sempre me dizia que era importante registrar e contar para o mundo todas as experiências que tive nos Estados Unidos, especialmente fazendo um canal de vídeos sobre esse assunto.

Eu nem sempre fui um bom filho, é importante dizer. Enfrentei problemas com ela e me transformei com o tempo, mas o Realidade Americana foi um dos sucessos mais improváveis e inesperados que tive o prazer de viver.

"Registra isso num livro, meu filho."

Bruno Mendes, diretor da empresa Coisa de Livreiro, escreveu uma carta e fez uma versão inicial de como seria a capa do meu livro, e mamãe, antes de ir embora, viu o texto e a arte da capa. Ela, a grande mentora deste livro, conseguiu ter um *preview* de como seria a história do seu filho no papel. Enfim, o livro *Realidade Americana* é também uma grande homenagem à dona Tereza.

CAPÍTULO 8

As boas experiências que tive vivendo nos Estados Unidos

Locais que conheci, curiosidades, eventos dos quais participei e coisas bacanas que só se encontra por aqui.

Em meus vídeos do Realidade Americana, falo muito sobre mim, mas não abordo muito o que realmente vi neste país.

Quem estiver interessado em viajar para cá, mesmo sem a pretensão de morar aqui, sugiro que leia as próximas páginas.

Vou falar sobre algumas das experiências que vivenciei, a fim de que, a partir das minhas impressões pessoais, você consiga entender que os Estados Unidos são um lugar bem diferente do que muita gente imagina.

Prepare-se, vamos viajar juntos!

A sensação de conhecer Los Angeles e Las Vegas

Existem muitos locais selvagens nos Estados Unidos, mas o que mais me transmitiu essa natureza foram tanto Los Angeles quanto Las Vegas e seus arredores.

Lá, os desertos são um bocado assustadores, e essa sensação vem não somente do fato de serem locais desabitados e quentes.

Visitei alguns desses locais e, nos mais famosos, sempre há uma placa com uma mensagem para tomar cuidado com animais que podem ser fatais, como escorpiões, cobras e leões da montanha.

Sim, na área desértica dos Estados Unidos há leões. Esses animais aparecem em locais frequentemente visitados por muitos turistas.

Imagina isso: você pode estar passeando em um deserto e dar de cara com um leão da montanha.

Mas não é só.

Em nossas viagens à Costa Oeste, fomos visitar algumas cidades-fantasma, e chegar nelas é algo desafiador. É como estar participando de um filme rodado no deserto, com direito a miragem e muito calor. Você anda durante muito e muito tempo sem encontrar uma viva alma nas estradas. Dá uma enorme aflição não ver nenhum comércio, nenhuma casa, nenhuma forma de vida.

Se tiver problemas com o carro, você estará ferrado, porque nem sinal de celular pega na região. Além disso, a estrada margeia grandes penhascos, e é preciso tomar muito cuidado. Tome cuidado no caminho. Muito mesmo!

Apesar de tudo isso, a paisagem é extremamente linda e contagiante. Ver-se em Los Angeles ou Las Vegas chega a ser muito assustador e diferente, especialmente para quem tem um referencial de paisagem como o do Brasil. A paisagem nesses lugares é muito diferente até mesmo do que estou acostumado a ver aqui, na Costa Leste dos Estados Unidos.

O que eu vi do interior norte-americano

Sou aficionado por Stafford, na Virgínia, a cidade em que minha mãe morava antes. Morei lá com ela durante quase um ano e, depois durante quase dois anos, a Senhora Troll e eu nos fixamos por lá, que fica a cerca de uma hora de distância da cidade Washington D. C., a capital do país, onde fica a Casa Branca.

Aquela região me cativou. Você consegue um local de repouso com estilo colonial, com direito a um grande terreno pertinho de uma cidade que tem de tudo.

É a paisagem bucólica perto de *shoppings centers*, comércio, escolas, entre outros estabelecimentos.

Resumindo: é uma mistura interessante.

Por que gosto tanto de lá?

Porque a qualidade de vida é de primeiro mundo. Virgínia, com suas belas paisagens, proporciona um nítido bem-estar, com um padrão de segurança absurdamente eficiente, a ponto de você poder deixar seu carro aberto. Tudo pode ficar escancarado.

Lá, eu tive uma experiência profissional curiosa.

Na época em que trabalhava no Walmart, empurrando carrinhos, cansei de ver carros com janelas abertas com bolsas nos bancos, entre outros pertences. Você consegue imaginar algo assim em cidades perigosas? Eu, particularmente, nunca vi.

Em Stafford, como a população é muito bem-educada, ninguém toca em nada que não seja seu. Dave, o marido da minha mãe, deixava a porta da garagem da casa deles sempre aberta. A coisa é tão real que, durante anos, ninguém nunca lhes roubou um alfinete sequer. Eu estava encantado com a ideia do "se não é seu, por favor, não toque".

Virgínia é a prova de que existe uma realidade norte-americana que muitas pessoas no mundo gostariam de conhecer.

Para se ter ideia, quando decidimos sair de Stafford para morar em Orlando, comparamos os índices de criminalidade das duas cidades e ficamos chocados. Na cidade em que estávamos, havia ocorrido apenas dois crimes mais sérios durante um ano inteiro, como assalto a mão armada, por exemplo. Algo que é normal em cidades maiores, é totalmente incomum naquela região.

E tenho um palpite sobre a o elevado grau de segurança encontrado em Virgínia. Acho que isso acontece porque a sociedade local é formada por muitos militares. Stafford, além de ser muito perto de Washington, abriga várias bases militares. As maiores academias militares estão localizadas próximas da cidade, e uma delas é a academia do FBI, em Quantico, a dez minutos dali.

Os cidadãos de lá andam armados, com a arma na cintura mesmo, e todo cidadão tem direito de ter uma arma em casa. No entanto, quem tem porte de arma precisa fazer também um curso e ter uma licença de uso para andar armado. E nesse local, com aparência de cidade de interior, todos obedecem a regra.

O local que me lembra um pouco o Brasil

Quem me vê no YouTube sabe que tenho algumas ressalvas a respeito da cidade de Orlando. E critico, mesmo sabendo que ela foi essencial para o meu crescimento como vlogueiro e empresário.

Orlando é o Brasil. Lembra muito o país de onde vim. É como morar em São Paulo. Lá, o trânsito é difícil e os índices de criminalidade são altos. Você pode ser assaltado, e tem de viver com tudo trancado para não ser roubado.

A cidade, porém, também traz a parte boa de morar nos Estados Unidos, isso incluindo ter salário melhor e acesso aos bens locais com mais facilidade. Só que, se eu deixar a câmera dentro do carro para ir a um *shopping*, muito provavelmente, quando eu voltar, o automóvel estará com o vidro quebrado.

Em Orlando, é comum ouvir relatos de carros que tiveram o porta-malas arrombado numa tentativa de roubo de bagagem ou de compras. Os turistas são os maiores alvos da criminalidade.

O ambiente também favorece.

Quase todos os *shoppings centers* de Orlando são a céu aberto, assim como os grandes mercados, como o Walmart. Nesses lugares, há arrombamento de automóveis, o que compromete a segurança do cidadão.

Logo que vim morar na Flórida, escolhi uma casa em Kissimmee, uma espécie de "grande Orlando". A casa fica a dois minutos de um Walmart bem grande, e lá ocorrem mais de 200 arrombamentos de carro por ano. É um crime corriqueiro aqui.

Outro crime muito comum aqui é arrombamento de quartos de hotel, pelos mesmos motivos da invasão de automóveis. Eles vão e roubam turistas que vêm com dinheiro e fazem muitas compras.

Existe, ainda, o arrombamento de casas, principalmente as de temporada, que são aquelas que a pessoa compra para vir de vez em quando ou para alugar para terceiros.

A situação toda dá espaço a muitas casas vazias, que são alvos fáceis para os arrombadores. Duas residências ao lado da minha foram roubadas, e tive de relatar isso no YouTube.

Mas, mesmo sabendo desses problemas, mudei-me para cá. Já investi em um sistema de câmeras de monitoramento e alarme, que chama a polícia na hora e consegue convocar um oficial em cinco minutos.

Apesar do lado ruim de Orlando, há muita coisa boa aqui. Como quase tudo na minha vida, pesamos muito bem essa situação em nossa balança antes da mudança.

É aqui que vamos passar o resto da nossa vida? Provavelmente não.

Existe o trânsito muito difícil e o excesso de turismo. Mas o que me incomoda de verdade é o clima. Por quê? Porque estamos falando de Orlando, cujo verão dura praticamente o ano inteiro. O inverno, por outro lado, dura poucos dias, a ponto de se poder contar nos dedos os dias frios. A gente sente falta das quatro estações bem distintas.

Aqui, eu sinto falta da neve, mas isso é questão de gosto pessoal. Faltam coisas, embora Orlando tenha muita coisa boa. Aliás, não teria decidido vir para cá se a situação não fosse assim.

Pretendo ficar por aqui mais uns quatro ou cinco anos.

Dos sete anos desde a minha vinda para os Estados Unidos, três foram vividos em Stafford, que é o meu referencial comparativo. Portanto, sou diferente de outros turistas ou moradores.

Muitos brasileiros vêm a passeio e elogiam muito Orlando, e por isso eu associo os dois países.

A melhor cidade urbana que conheci

Também morei em Rahway, Nova Jersey, uma cidade que fica a trinta minutos de Nova York. Aquele foi o período mais urbano que vivi.

Gostava muito de lá, porque era como morar em Nova York sem desembolsar a fortuna que é necessária para viver lá. Penso que, se um dia eu optasse por morar ali outra vez, iria um pouco mais para o sul.

Nos vídeos, eu sempre disse que existe um raciocínio simples de que, quanto mais distante a cidade de Nova Jersey estiver de Nova York, mais segurança e menos trânsito ela terá.

Logo ali, ao lado de Nova York, existe Jersey City, que é uma cidade absurdamente violenta. Lá, quando trabalhei na construção, tínhamos que trancar a van com os equipamentos e material de encanador.

Você sabia?

"OBRIGADO" E "COM LICENÇA" É O QUE MAIS SE OUVE.

O povo norte-americano é muito educado; dizem *"thank you"* e *"excuse me"* (obrigado e com licença, respectivamente) o tempo todo, às vezes, até mesmo sem necessidade.

Em todas as outras cidades, a gente deixava o carro aberto. Newark também é bem violenta e é um grande polo de brasileiros. É uma versão um pouco melhorada de Jersey City, mas, ainda assim, com muitos crimes. Seguindo em direção ao sul, temos mais algumas cidades e, logo em seguida, existe Rahway, onde morei.

Minha experiência na E3, o local dos sonhos para os gamers

Eu gosto muito de feiras internacionais e estou sempre antenado com o que está acontecendo nelas. No Brasil, por exemplo, sou fã de carteirinha da Comic-Con Experience, uma versão da San Diego Comic Con. Por isso, não posso deixar de citar os grandes eventos norte-americanos, especialmente um pelo qual tenho uma admiração pessoal.

Estou me referindo à Electronic Entertainment Expo (E3), que, durante o mês de junho, reúne justamente os maiores produtores de games. É a maior feira de jogos digitais, e atrai cerca de 50 mil pessoas a cada edição e transforma o Los Angeles Convention Center no coração da cidade.

A E3 foi criada em maio de 1995, mais especificamente no dia 11, e foi concebida como o palco das grandes apresentações de videogames nos Estados Unidos e no mundo. Foi nela que o primeiro PlayStation chegou ao Ocidente por duzentos e noventa e nove dólares, dominando concorrentes como Sega Saturn e Nintendo 64, e consolidando o reinado da Sony na briga de consoles (o preço do PlayStation foi um dos principais fatores da vitória do aparelho na época).

Apresentações revolucionárias da Nintendo também arrancaram urros na feira, enquanto a Microsoft lançou sua família Xbox e deixou de produzir só o Windows. Além disso, a E3 também tem um espaço reservado para testes e muitos produtos em exposição, desde *action figures* (expressão em inglês para "figuras de ação", "brinquedos para exposição"), até acessórios que só chegarão ao mercado nos meses seguintes.

Lá, a imprensa costuma fazer entrevistas exclusivas com os produtores dos jogos eletrônicos que tanto adoramos, além de ter acesso aos games que só apreciaremos dali a três ou quatro meses.

Esse é um dos eventos que mais adoro nos Estados Unidos. Fui para lá em 2015 e em 2016, e aproveitei muito bem as visitas para fazer algo que me dá imenso prazer: jogar muito.

Para mim, foi muito bom estar ali.

Quando fui à E3 pela primeira vez, foi uma experiência mágica, tanto que fiz questão de voltar em 2016, quando tive a oportunidade de testar pela primeira vez os famosos óculos de realidade virtual.

Experimentar o Oculus Rift na E3 foi uma das experiências de imersão mais fantásticas que já tive. Descobri um mundo novo dentro daquele que já me era tão familiar, revendo a forma como posso apreciar videogames. Fiquei tão maravilhado com o que vi na feira que, tão logo voltei para casa, já comprei um Oculus Rift para mim.

Embora a edição da E3 de 2016 tenha sido muito boa, algumas coisas não mudam. As filas são algo indescritível. Para testar o novo *The Legend of Zelda: Breath of the Wild*, era preciso esperar mais de cinco horas.

Uma dica boa para quem vai ao evento é o planejamento dentro dos próprios estandes. Consegui testar alguns games de empresas *indie* com filas menores, além de alguns games do PS4, porque agendei horário para o dia seguinte.

Em geral, é mais difícil aproximar-se dos lançamentos. Quanto maior a *hype* do jogo, maior a dificuldade para curti-lo. A E3 é frequentada por muita gente na faixa de trinta anos, que, quando se trata de games, age da mesma forma de quando era criança ou adolescente. Lá a gente se sente mais jovem e aproveita muito o momento.

Outro ponto legal é a quantidade de famosos que circulam por lá. Eles andam entre as pessoas, testam jogos e tiram onda, e grandes nomes dos games conversam com o público. Em 2015, tirei foto com Tony Hawk, por exemplo, que é um dos maiores skatistas do mundo e inspiração da franquia homônima.

Lá, também, a gente mantém contato com muitos youtubers famosos, criadores de conteúdo tanto do Brasil como do mundo todo. As duas edições das quais participei tiveram a presença de muitas celebridades.

Você sabia?
O SALÁRIO MÍNIMO É POR HORA.
Nos Estados Unidos, o salário mínimo varia de Estado para Estado, mas a média é o equivalente a oito dólares por hora.

Realidade Americana

O rapper Snopp Dogg estava nesta edição de 2016, jogando *Battlefield* – gente como a gente. Nesse evento, pessoas de fora do meio dos games, mas que curtem a temática, se aproximam e iniciam conversa conosco.

Recomendo muito a E3, não só por ter participado de duas edições, mas por ser fã de games. Literalmente, jogo de tudo, e quem me acompanha no Realidade Americana sabe disso. O meu negócio cresceu com os games, lembrando que foram os PS4 que alavancaram as minhas vendas.

Jogos são algo que adoro, eles fazem parte da minha vida pessoal. Montei, por exemplo, uma sala totalmente voltada para jogos eletrônicos, que aqui recebe o nome de *gaming room*. Fiz a sala dos meus sonhos, com todos os consoles de gerações antigas de games e os atuais – um sonho de criança se realizando.

O consumo de jogos aqui é alto porque é bem fácil encontrar promoções. Muitas lojas oferecem games a preços até vinte por cento inferiores ao preço oficial.

Bem, seria injusto citar apenas um jogo favorito entre os tantos que aprecio, mas posso dizer que *GTA*, *Assassin's Creed*, *Just Cause* e *Far Cry* estão na minha lista. A história de *Uncharted* também me cativa muito.

Na internet e no PC, aprecio o *Battlefield*, da EA.

É um privilégio viver na mesma terra em que ocorre a E3.

Vidcon, o evento voltado para a minha atividade

Esse foi um encontro do qual participei para aprender mais; fui porque acredito que é sempre bom ter um espaço para discutir a sua própria profissão.

O Vidcon é uma conferência de vídeos multigênero que acontece na Califórnia desde 2010. Trata-se de um evento novo, destinado ao público vidrado em YouTube. Inúmeras pessoas acompanham o encontro, que acontece em junho e conta com a participação de centenas de produtores audiovisuais.

Resumidamente, o Vidcon é voltado para palestras de produtores de conteúdo em formato de vídeo. Posso dizer que a experiência pessoal de ter participado desse evento significou algo muito diferente para mim.

No andar térreo do Anaheim Convention Center, local em que a última edição foi realizada, havia estandes de muitos produtos relacionados a vídeos, para quem quiser editar materiais, gravar vídeos e disseminá-los na internet.

Tamanha diversidade atribui ao Vidcon o status de maior evento de vídeos do mundo.

O segundo andar do centro de convenções é a área para criadores. Lá, utilizando uma credencial, podemos assistir às palestras de outros criadores bem-sucedidos sobre uma variedade de assuntos.

O evento tem três diferentes tipos de acesso: com o ingresso mais barato, você tem acesso apenas ao térreo; com o ingresso um pouco mais caro, você tem acesso ao térreo e também ao segundo andar, podendo participar das atividades que lá acontecem; e com o ingresso mais caro de todos, você participa da programação completa do evento, do térreo ao terceiro andar.

As dicas que ouvi lá variaram muito. Os produtores falaram sobre como conseguir parcerias para viajar, junto a empresas que podem financiar o seu trabalho. Foi discutido também como dividir conteúdo em mais de um canal, além de monetizar seus vídeos da forma correta.

Ferramentas como o Google Analytics foram tratadas como parâmetros para a nossa atividade de vlog pelos porta-vozes do evento. Enfim, estávamos lá para entender esse mundo da produção de conteúdo audiovisual.

Considerei que todas as palestras realizadas no segundo andar foram muito proveitosas para quem produz conteúdo em vídeo. Já o terceiro andar – a área *business* da convenção –, destinava-se a empresas que trabalham no setor.

Estruturalmente, o evento não é tão lotado, embora muito eficiente no que se propõe, com poucas filas, muita informação e muitos famosos da internet. Por isso,

Você sabia?

NÃO EXISTE UM SISTEMA PÚBLICO DE SAÚDE.

Nos Estados Unidos, o sistema público de saúde não é um direito garantido ao cidadão, como no Brasil; porém, lá, o governo ajuda o cidadão a pagar suas dívidas de saúde. Para ter acesso a esse serviço, é preciso mostrar ao governo que, de fato, não se tem dinheiro suficiente para pagar por um plano de saúde.

sem dúvida alguma, é um encontro que vale a pena para quem tem interesse em profissionalizar-se no setor.

Com tudo isso, dá pra se acostumar com um novo país?

Nenhuma grande mudança é fácil nem simples. Antes de modificar alguma coisa na sua vida, pergunte-se se você irá gostar do que pretende fazer. Eu me questionei muito sobre isso antes de vir para cá.

Sempre gostei da cultura norte-americana, acho a sociedade deles interessante e quis isso para a minha família. Foi dessa forma que a minha realidade mudou, e foi por isso que eu viajei para mudar a minha realidade para sempre.

Você precisa querer a mudança e tem de buscar os meios para realizá-la. Do contrário, nada vai conseguir tirar você do lugar em que estiver.

Se você deseja morar em outro país, é preciso ir atrás do maior número de informações sobre todos os aspectos dessa mudança. Use seu tempo livre para conhecer o que há de mais interessante na cultura local. Há detalhes que você só descobrirá quando estiver lá, é claro, mas é possível antecipar muita coisa.

Então, se estiver realmente interessado, a mudança vai acontecer e você vai se acostumar com ela.

Essas foram as minhas experiências. Foi assim que me adaptei a um novo país.

CAPÍTULO 9

Lições de empreendedorismo da minha Realidade Americana

Dicas da minha experiência de vida que podem auxiliá-lo em sua trajetória.

Quero encerrar este livro elencando pelo menos dez lições que você pode tirar da minha trajetória. Tanto no Realidade Americana quanto no My VIP Box, eu vivenciei descobertas que me transformaram em outro homem. Hoje, busco criar a minha nova família neste novo país.

Algumas das dificuldades pelas quais passei são comuns a muitos empreendedores da internet, que buscam montar seu negócio sob um viés mais globalizado. Eu não foquei em revenda de produtos apenas no Brasil, mas as pessoas atingidas foram justamente aquelas do meu país de origem. Portanto, para entender as importantes lições que aprendi nestes sete anos, listo a seguir as dicas de empreendedorismo que a minha Realidade Americana me permite apresentar a você.

1. Encontre um público

O My VIP Box é uma empresa que não para de crescer. Ela tem uma ligação com o trabalho que eu já fazia no Realidade Americana, meu canal do YouTube. A ligação entre as duas iniciativas que desenvolvi ocorreu por um fator fundamental para as minhas atividades: a formação de um público-alvo.

Como um comunicador que aprendeu a se expressar na prática dentro do YouTube, eu digo com todas as letras que, na internet e na vida, você não faz nada sozinho. Tudo depende de quem você atinge, provoca e cativa. Por isso, é necessário conhecer o seu público.

É possível descobrir isso com planejamento prévio ou durante o processo de produção de conteúdo. No meu caso, fui descobrindo isso com o tempo.

O caso do Realidade Americana é que ele encontrou um público na ponte entre o Brasil e os Estados Unidos. Eu recebo mensagens de muitas pessoas que querem mudar de país e não sabem por onde começar, assim como de brasileiros que vivem em solo norte-americano e também querem compartilhar suas experiências. Por isso, quando faço entrevistas ou quadros mais elaborados, o objetivo é sempre atingir também esse público que se tornou fiel ao meu canal.

Este livro, inclusive, foi pensado com carinho para você, que faz parte desse grupo.

A ideia por trás de tudo isso é justamente ajudar pessoas que querem fazer uma mudança de vida semelhante à que eu fiz, abreviando as dificuldades comuns a quem decide sair do Brasil para viver nos Estados Unidos. Dicas, experiências e entrevistas são algumas das coisas que posso oferecer às pessoas que assistem a mim.

A busca por um público passa pelo desenvolvimento do próprio canal e pelo reconhecimento dos aspectos que agradam as pessoas. Isso requer planejamento e atenção. Lidei com isso de modo estratégico e, claro, também tive sorte.

Mas nada disso vem sem trabalho duro e diário. Mesmo quando tinha o emprego de empurrador de carrinhos no Walmart, ou quando lavava carros, nunca deixei de atualizar o canal. O projeto de vídeos foi de longo prazo, enquanto o My VIP Box foi uma empresa da qual eu não desisti e que, hoje, rende valorosos frutos.

Então, lembre-se: encontrar o seu público-alvo é tão crucial quanto a demanda e a oferta – fatores básicos em qualquer economia de mercado.

2. Quebre barreiras

Não importa o que você esteja fazendo, vai sempre se deparar com uma série de limitações, sejam elas pessoais ou fatores fora do seu controle. E quanto mais você aprender a lidar com tais barreiras, melhor se sairá no que faz.

Já contei que sou tímido e que uma pessoa chegou a dizer que a minha dicção é ruim ao falar no vídeo. Para muita gente, ouvir críticas negativas pode colocar tudo a perder, mas como eu convivi com muitas dificuldades nos Estados Unidos, as barreiras que apareciam diante de mim não me fizeram desistir. Voltei ao Brasil por curtos períodos, mas nunca abandonei o que conquistei em território norte-americano.

Os meus negócios cresceram quando eu consegui ultrapassar algumas barreiras. A primeira delas foi a absoluta necessidade de me sujeitar a trabalhos braçais para me sustentar, e essa barreira foi derrubada quando surgiu o embrião da My VIP Box.

A segunda grande barreira foi tornar o meu empreendimento de *drop shipping* um negócio próspero, e isso foi possível graças ao crescimento do meu canal de vídeo. Com isso, tornei-me conhecido, assim como o meu serviço, que facilita a entrega de produtos norte-americanos no Brasil.

Criei formas de lidar com as minhas próprias limitações em diferentes frentes. Como eu não falava bem inglês quando cheguei aos Estados Unidos, conversava em português na internet. Mas, mesmo assim, não deixei de desfrutar da cultura norte-americana.

Houve momentos difíceis, especialmente quando os trabalhos não apresentavam o resultado esperado em determinada etapa. A reforma do site foi um desses períodos difíceis, e ter a minha casa cheia de caixas para as entregas, sem nenhum funcionário para ajudar, foi outro.

Encurtei distâncias entre o que fiz e quem eu queria atingir, e isso foi quebrando barreiras nas etapas subsequentes.

Esse período nos Estados Unidos revelou-me os limites e ensinou-me a superá-los.

3. Mantenha a comunicação

Lembre-se sempre: nada é possível sozinho.

São mais de 460 mil assinantes no meu canal no YouTube, meus vídeos somam mais de 53 milhões de

Você sabia?

Nos Estados Unidos, com um salário mínimo, você consegue comprar 576 Big Mac; no Brasil, você compra cerca de 125.

acessos e, em média, pelo menos 50 mil pessoas assistem regularmente às minhas postagens.

Tudo começou pequeno, com cem, duzentas visitas, mas eu persisti na ideia de pegar uma câmera e gravar o meu dia a dia nos Estados Unidos. Hoje, escrevo um tuíte de cento e quarenta caracteres e atinjo pelo menos 150 mil pessoas ao mesmo tempo.

Tudo o que faço requer responsabilidade, cuidado e ousadia, embora eu estabeleça limites muito claros entre o que é a minha vida privada e o que é o Carlinhos Troll público. E só divulgo aspectos da minha intimidade que tenham potencial para estabelecer boas pontes com o cotidiano das pessoas.

O fundamental, na relação que estabeleci com as pessoas nesses sete anos, é manter a comunicação.

Continuar editando os vídeos, gravando-os tanto para falar do meu cotidiano como para desenvolver novos quadros, além de sustentar toda a rede de contatos que espera novos conteúdos. Normalmente, dizemos que "nossos vídeos são quase diários", e é isso mesmo.

Reservo algumas horas do meu dia e publico dez, vinte ou até trinta minutos do meu dia a dia. Pesquiso o que as pessoas estão buscando na internet e revelo situações inusitadas que aconteceram comigo. Tento ficar ligado com o que o meu público gosta e passar para a frente coisas que aprecio e valorizo.

Em contato com as pessoas, você não perde o foco, e essa é uma lição básica de empreendedorismo.

4. Crie empatia

Tão importante quanto dizer algo relacionado ao seu trabalho é tentar se colocar no lugar das outras pessoas, e eu senti isso lendo alguns comentários que foram feitos em meus vídeos.

> "Pois é, Carlinhos. Meu pai morreu há quatro meses e só quem sabe sente isso. Tudo que você falou lembrou cada momento dos últimos dias de vida dele", disse Anderson, no YouTube, no vídeo em que falei sobre a morte de Mamãe Troll.
>
> "Carlinhos, estou indo pra Orlando e gostaria de levar algo pra você e a Senhora Troll. Tem algo para comer que vocês sentem falta? Sou de São Paulo", comentou minha espectadora Gleice, no Facebook.
>
> "Adoro este casal. Não perco um vídeo, viu Senhora Troll?", diz Agda, uma de nossas fãs.

As pessoas se identificam com a minha história, com a minha família e com o que eu falo. Elas querem saber se vale a pena comprar um PS4 nos Estados Unidos, como eu me alimento e o que vi no país que escolhi para viver. Perguntam se estou bem, oferecem ajuda e contam suas próprias histórias. Enfim, meu público procura relatos proveitosos e eu me esforço nesse processo de empatia.

Não há nada mais empolgante do que falar com uma comunidade vibrante, com pessoas que dão *feedback*. Trocamos contatos e nos falamos todos os dias. Por sinal, na Comic-Con Experience descobri que meus fãs em São Paulo também estão dispostos a me tratar muito bem.

5. Amplie seus limites

Esta lição de empreendedorismo é parecida com a de quebra de barreiras, mas envolve uma transformação mais profunda de quem quer crescer nos negócios e na carreira. A ideia básica é a seguinte: não fique limitado ao que você fazia no começo.

No meu caso, comecei enviando ao Brasil alguns artigos, e depois cheguei a mais de mil PlayStation 4 comercializados, o que mudou as características do meu negócio. Depois disso, iniciei um vlog, chegando a ter gravado quadros até para encontrar uma casa para minha família, entre outros.

Então, não fique preso aos limites iniciais do empreendimento que você pretende iniciar ou já tenha iniciado, qualquer que seja ele.

6. Comece de novo

Eu comecei nos Estados Unidos trabalhando como encanador, depois fui trabalhar em um supermercado, e acabei também lavando carros, um trabalho cuja jornada de trabalho consumia quase todo o meu tempo.

Enquanto fazia tudo isso, mantive atividades paralelas, pois nada do que eu estava fazendo era minimamente próximo daquilo que eu sonhava para a minha vida. E deu certo. Tanto que criei um negócio próprio.

Em um determinado momento da My VIP Box, contratei um programador que montou um sistema original de vendas para o nosso site e colocou-o nas mãos dos nossos concorrentes... Então, quando isso deu errado, outro programador entrou para a equipe, e, deu um toque novo ao configurar do zero a página da empresa e nos tornamos pioneiros na automatização de um site de redirecionamento de produtos norte-americanos.

Comece de novo. Comece de novo. Comece de novo.

Naquela época, tínhamos pouco dinheiro para arriscar de novo com outro programador, e aí entrou a negociação: parcelamos o pagamento dele. Fizemos isso por acreditar que um trabalho de ponta mudaria os rumos do projeto, e valeu a pena, pois resolvemos muitas das reclamações com pagamentos pelo sistema PayPal e todos os outros problemas de registros de compras.

Deu certo? Deu! Mas tivemos de voltar à etapa inicial de programação do site para acertar.

Para fazer algo do tipo, você não pode ter medo de errar, mas, principalmente, precisa ter coragem para solucionar os obstáculos que surgem no meio do caminho.

Você sabia?

Nos Estados Unidos, você precisa de dez salários mínimos para comprar um Ford Focus zero quilômetro; no Brasil, você precisa de cerca de 81.

Se eu fizesse a mesma coisa o tempo todo, não aprenderia tanto a respeito do que gosto de fazer. Se eu fosse acomodado, não teria conhecido tanta gente e não teria viajado para os Estados Unidos, a fim de começar uma vida nova, nem teria me deparado com tanta coisa para me manter nesta nação.

Quebrar limites e parâmetros iniciais vêm da vontade de mudança.

Empreendedores que querem ser bem-sucedidos não devem temer o fracasso e devem estar dispostos a começar de novo quantas vezes forem necessárias.

7. Busque a originalidade

"Aqui quem fala é Carlinhos Troll. Segue aí!".

Essa é a frase de abertura de muitos dos meus vídeos. Foi a forma que encontrei para espalhar meu nome na internet e, o mesmo tempo, com o "segue aí!", solicitar às pessoas que assinassem o meu canal no YouTube, seguindo-o na internet.

Cada youtuber implementa o seu traço de originalidade para se comunicar com o seu público. Você, certamente, já viu vídeos no YouTube cujas aberturas são vinhetas sofisticadas, incluindo animações em 3D e até efeitos especiais. Mas eu optei por uma apresentação que vai direto ao ponto – essa é a minha originalidade.

Tudo o que fazemos pode ser original. Não se limite a copiar as fórmulas que dão certo: busque algo que seja só seu, que o represente, mesmo que essa representatividade esteja em pequenos detalhes.

8. Tenha um objetivo maior

Por muito tempo, cogitei ser jogador de futebol e viver apenas no Rio Grande do Sul. Não deu certo. Então, tentei me tornar profissional de Tecnologia da Informação, e foi com essa meta que eu decidi vir para os Estados Unidos.

Mas o objetivo maior sempre foi viver próspera e confortavelmente nos Estados Unidos.

No meio desse objetivo maior, desempenhei trabalhos braçais, abri meu próprio negócio e postei vídeos no YouTube para me divulgar e entrar em contato com um público que se encantou com a minha história. E agora, com tudo andando e crescendo, quero me livrar de aluguéis e constituir uma nova família com a Senhora Troll, com filhos e com uma casa própria.

Hoje, felizmente, estou pensando no futuro. Aliás, é isso o que qualquer pessoa do ramo dos negócios faz quando há bons alicerces no presente: nós traçamos projeções e arquitetamos planos para atingi-las. Mas tudo isso está alinhado com o que quero atingir desde o começo.

Quero viver a minha Realidade Americana. E quero que mais pessoas percebam que o sonho que estou construindo é possível para quem quer este tipo de transformação.

9. Registre o que puder

Comecei registrando a minha trajetória em vídeos e agora o faço em um livro.

Se você consegue sucesso na vida, registre isso para contar a sua própria história. Registre para a sua família e para os seus filhos. Registre para guardar essa memória, tanto para os admiradores do seu trabalho como para quem quiser entender sobre o negócio que você está criando e com o qual está obtendo sucesso.

Quem me deu o impulso para escrever este texto foi minha mãe, dona Tereza. Ela sonhava em ver seu filho contando em um livro a história que determinou o sucesso de sua trajetória nos Estados Unidos, e pensou nisso justamente porque sabia o quanto essa história é importante para mim.

A vida é assim: só conseguimos entender direito tudo o que nos acontece quando somos capazes de olhar para trás e enxergar tudo o que fizemos, e só conseguiremos fazê-lo se tivermos um bom registro de nossas atividades. Qualquer pessoa de negócios, qualquer empreendedor, precisa ter uma boa visão de mundo para enxergar os próprios erros e acertos, que só serão percebidos com clareza depois de realizados. Essa é a importância de se registrar tudo o que puder.

Você sabia?

Nos Estados Unidos, um salário mínimo dá para comprar cerca de 2.070 litros de gasolina; no Brasil, dá para comprar 220 litros.

10. Não tenha medo de mudar

Todas as lições de empreendedorismo do Realidade Americana indicam um ponto de convergência: perder o medo de mudar – seja de país, de mentalidade ou de visão de mundo.

Foi unicamente porque perdi o medo de mudar que eu entrei de cabeça em um negócio que solucionaria um problema para os brasileiros que queriam produtos dos Estados Unidos.

Foi unicamente porque perdi o medo de mudar que eu comecei a gravar vídeos para quem quer que tivesse interesse na minha história e, assim, acabei conquistando um grande público. Público esse que acompanhou o início do meu namoro com a Carolina e que foi cativado pelo carinho da minha mãe com a própria família e pelas diferentes entrevistas com youtubers que ofereci.

E é unicamente porque perdi o medo de mudar que eu, Carlinhos Troll, ainda vou mudar muito daqui para a frente.

Ainda vou viajar para locais novos.

Talvez eu perca o medo de avião.

Talvez eu ainda tenha um filho ou uma filha – quem sabe?

Talvez eu venda a My VIP Box ou, talvez, a empresa cresça ainda mais, a ponto de entrar em ramos que eu nem esperava a princípio.

Talvez, um dia, eu viva só de vídeos, sem ter de recorrer às publicidades que hoje em dia ajudam a pagar as contas. É o meu sonho!

Enfim, sempre vou continuar querendo atingir novos objetivos, porque perdi o medo de mudar. E depois de se livrar desse tipo de amarra, atingir novos objetivos passa a ser tudo o que você mais quer fazer.

Eu vim de baixo e iniciei uma trajetória até aqui. Este livro conta a primeira parte do que aconteceu. Talvez, futuramente, você venha a ler outras coisas bacanas que a família Troll estará fazendo dentro e fora da web, porque estamos mudando o tempo todo.

Devemos, sim, nos transformar, mudando para a nossa própria realidade.

ANEXO

Carta da Editora Universo dos Livros
para a mãe de Carlinhos Troll,
uma das idealizadoras do livro

São Paulo, 28 de abril de 2016.

Prezada sra. Tereza Medeiros (Mamãe Troll),

Com a presente carta, gostaríamos de formalizar nosso compromisso e expressar a honra em contar essa linda história que a senhora começou quando deu à luz o seu filho.

Hoje, todos na editora e agência em que seu filho confiou e escolheu estar conhecem a sua história de luta, perseverança e absoluto amor por seus filhos, neto e aqueles que estão à sua volta.

Hoje, dona Tereza, temos a responsabilidade de levar essa obra aos quatro cantos desse imenso país que é o Brasil. Diante de tal desafio, percebemos a importância da responsabilidade de fazer e de trazer sempre o melhor para as pessoas; porém, sem demagogia alguma, e diante de tudo que aprendemos com o Carlos – e que sabemos vir da senhora –, o caminho para tornar isso realidade transforma-se em um passeio prazeroso e que nos faz sentir gigantes pela oportunidade.

Dona Tereza, hoje a senhora é mãe de milhares de pessoas, e esse número vai crescer ainda mais. Parabéns por esse amor infinito.

Estamos todos com a senhora.

Com carinho,
Equipe Universo dos Livros e #coisadelivreiro.

Mamãe Troll ♥

ENCONTRO COM FÁTIMA BERNARDES